—— 作者 ——

萨拉·哈珀

牛津大学老年学教授，牛津大学老龄化研究所所长、英国皇家研究院院长、克洛尔人口环境变化项目主任，兼任养老金政策研究所所长，为英国政府全球移民前瞻计划撰写了《移民、老龄化和环境》一书，《人口老龄化杂志》创始主编之一，著有《老龄化社会：神话、挑战和机遇》（2006）、《老龄化与公共政策国际手册》（2014）、《人口变化将如何改变我们的世界》（2016）等。

A VERY SHORT INTRODUCTION

DEMOGRAPHY

人口学

[英国]萨拉·哈珀 著
许黎明 —— 译

译林出版社

图书在版编目（CIP）数据

人口学 /（英）萨拉·哈珀（Sarah Harper）著；许黎明译.
—南京：译林出版社，2024.1（2024.10重印）
（译林通识课）
书名原文：Demography: A Very Short Introduction
ISBN 978-7-5447-9976-8

Ⅰ.①人… Ⅱ.①萨… ②许… Ⅲ.①人口学 Ⅳ.①C92

中国国家版本馆 CIP 数据核字（2023）第 220988 号

著作权合同登记号 图字：10-2023-426 号

人口学 ［英国］萨拉·哈珀 / 著 许黎明 / 译

责任编辑 郑 丹 陈 锐
装帧设计 孙逸桐
校 对 戴小娥
责任印制 董 虎

原文出版 Oxford University Press, 2018
出版发行 译林出版社
地 址 南京市湖南路 1 号 A 楼
邮 箱 yilin@yilin.com
网 址 www.yilin.com
市场热线 025-86633278
排 版 南京展望文化发展有限公司
印 刷 南京新世纪联盟印务有限公司
开 本 850 毫米 ×1168 毫米 1/32
印 张 4.75
插 页 4
版 次 2024 年 1 月第 1 版
印 次 2024 年 10 月第 2 次印刷
书 号 ISBN 978-7-5447-9976-8
定 价 59.00 元

序　言

陈　功

人口是国家长足发展的根本。我国的人口研究始于20世纪初叶，复苏于1970年代初，到1980年代逐渐建立和完善学科体系，至今已有四十多年的耕耘。然而，当谈及人口现象的解释和人口问题的分析时，很多人仍存在一定的理解偏误，或是将人口学简单等同于人口统计、计划生育，或是对预期寿命、总和生育率等人口学概念一知半解。这都提示我们仍需加强人口学的常识教育，帮助提高社会和非专业大众对人口现象和人口问题的认识。这本《人口学》就为我们提供了一个迅速了解人口学科的机会，而且它篇幅简短，内容全面，语言通俗，便于理解。本书作者英国牛津大学萨拉·哈珀教授，从人口学专业角度介绍了人口学的起源、基本研究对象和相关概念、基本分析方法以及学科外延领域，并辅之以现实人口政策和统计数据加以说明，无论是相关领域研究者还是普通读者都可以从中获益。

我和哈珀教授相识多年，我所在的北京大学人口研究所也与哈珀教授及牛津大学老龄化研究所多年来一直保持着良好的合作关系，尤其在学术讲座与研究合作、学生和青年教师访学交流等方面成果很多。哈珀教授是一位成就斐然的女科学家，是英国和国际上具有重要影响的人口学家和老年学家，牛津大学老龄化研究所创始所长，英国皇家科学院院士，并曾经担任过英国皇家研究院院长。2018年，哈珀教授因其在人口科学方面的贡献被授予英国CBE勋章。她涉猎广泛，尤其在人口转变及其挑战、人口老龄化研究上钻研深入。

本书开篇就向读者们抛出一个可供讨论的观点：“人口即命运？”尽管这种决定论的语气可能过于武断，但哈珀教授借此点明了我们目前正日益深刻感受到的一个事实——人口变化在地方、国家乃至全球层面的政治、经济和社会中所起到的重要作用。可以说，人口学在与“人”相关的社会科学乃至包括遗传学、医学等生物科学在内的研究体系中占有特殊重要地位，它是这类研究的基础，所有其他的研究都应当建立在人口本身的特征及其发展规律之上，但同时它也依赖其他科学对其研究发现进行解释。

随后，本书探讨了全球人口在时间和空间上的演变，地球上的人类是如何从5.5万增长到如今超过70亿。人类社会真正面临人口膨胀、人口老龄化等人口问题，不过是近一百年间的事情。从时间长度上说，这在人类历史长河里不值一提，但从事件意义来看，却是事关全人类共同命运的重大转折。如何正确认识和把握当前人口现状和趋势，如何让人口发展与社会经济发展相适应，是当前中国乃至全世界都面临的重要时代议题。如书中提到的法国人口学家利维·巴奇所言：“旧石器时代的上百万居民，新石器时代的1000万居民，青铜时代的1亿居民，工业革命时代的

10亿居民，21世纪末可能达到的100亿居民，他们所代表的肯定不只是简单的人口增长。”

到第三章，本书正式进入人口学的学科领域，讲述了人口学的创建者们在过去几个世纪中如何塑造了这门学科。从“现代人口学之父”约翰·格朗特创建第一张生命表开始，到马尔萨斯正式开启现代人口学研究，人口学始终带有“多学科交叉”的特征。与大众印象一致，人口学的起源与数学和统计学密不可分。格朗特首创的生命表统计了伦敦不同教堂会众的信息，得到了成年人口的性别分布。第四章更进一步说明了人口与数学计算、统计推断之间的交叉，包括冈珀茨定律的提出等。人口与医学的结合则推动了公共卫生、流行病学的发展，例如在英国霍乱大流行时期对于分区人口死亡率的统计、分职业人群死亡率的比较等。人口作为社会的最小单元，天然带有资源属性，马尔萨斯人口理论的提出，将人口增长与生产资料状况联系起来，带有显著的政治经济学特征。总而言之，人口学的产生和发展与开创者们多样化的学科背景密切相关，使“多学科”特征始终贯穿于人口学研究之中，与其他同类社会科学相比，更具有开展广泛跨学科研究的包容性。

第五章至第八章介绍了人口学的基本要素和研究的核心内容。简单来说，人口学研究的核心内容即人口的“生、死、迁、测”。人口的生育、死亡和迁移是决定人口规模、结构和分布等特征的基本要素，第五章主要对这三个驱动要素展开了介绍。第六章讲述了人口学最重要的理论之一——“人口转变”，即生育和死亡要素的变化对长期人口变动的影响。第七章则介绍了如何衡量这些要素及其影响。第八章对人口推算和预测进行了介绍。

以上内容，除了对基本概念的说明，哈珀教授还穿插了一系列相关议题的讨论。其中较为突出的是两个议题：一是发达国家与发展中国家人口发展的特征差异；二是人口转变与流行病学转变之间的紧密联系。回应第二章的问题，人口增长背后的机制是什么，从发达国家人口变动规律总结的四个人口转变阶段中可见一斑，人口死亡率的下降主要得益于医学和公共卫生的进步，而生育率的变化则受到社会、经济、文化等多种因素的影响，不同生育和死亡模式的组合造就了现在不同国家和地区人口的现状事实。目前发展中国家正在经历的人口转变，既有发达国家人口转变的基本特征，同时也因其社会发展水平和文化的特殊性而有所不同。同时，流行病学转变中疾病谱的变化，与人口结构相结合，又呈现出不同年龄人口健康水平和疾病负担差异，放置于国家人口年龄结构之中，就会演变为当前我们热烈讨论的"养老负担"问题。总之，很多例如生育意愿、家庭规模、养老照料等关于生育和死亡的社会议题，读者们都可以从中得到认识和启示。

除了与人口转变直接相关的死亡和生育外，第三个要素人口迁移则是人口学另一个重要研究主题。以往大众常常忽视的，关于人口的流向及其效应的分析和解释，其实也是人口学家们致力研究的重要领域。历史发展趋势表明，迁移人口对迁入地和迁出地的人口结构、社会经济发展都产生了深远影响。例如与城市化、现代化研究密切联系，人口的乡城流动促进了城市化水平的提高，人才的聚集则推动了现代化的发展。书中从国际迁移和国内迁移两个方面，对人口迁移的基本概念、理论和模型进行了介绍。

哈珀教授在第九章梳理了人口学的分支学科。如前所述，人口学在与“人”相关的研究中具有特殊地位，且带有显著的“多学科交叉”特征。这也是人口学的分支学科都极为重要且研究成果都格外璀璨的原因。书中主要列出的分支学科包括了人类人口学、生物人口学、人口经济学、家庭人口学、历史人口学、数理人口学、古人口学、人口地理学、社会人口学等九门，但在实际的人口研究中，人口学与其他学科交叉的范围远不止于此。

对于未来人口学及人口研究的发展，哈珀教授列出了一系列当前人口发展面临的挑战，例如人口老龄化、撒哈拉以南非洲人口的生育率，如何平衡世界不同地方环境、人口和消费的关系以及技术变革的冲击等，并指出人口学应纳入经济学和政治学的视角下进行解读。笔者认为，这是当下人口学者和人口研究学者们必须积极承担起来的时代责任——在21世纪全球人口老龄化不可逆转、区域人口发展具有多样性的新时代背景下，面对人口转变过程和机制越来越复杂多变的情况，应致力于解决如何积极应对人口发展的挑战，从长期战略和治理的角度促进人口与社会经济发展相适应，与资源环境相协调，达到代际间的平衡与可持续的宏大议题。这要求我们立足于本学科发展的基础，更广泛地展开交叉和合作，并进一步提高研究证据指导实践的准确性和可靠性。

写到这里，我想起在牛津大学时有一次和哈珀教授聊天的话题，哈珀教授提到，作为人口学家，我们都知道伴随人口转变，2030年前后的中国，2050年前后的印度，还有2070年前后的非洲都将对全球发展具有重大影响。对于哈珀教授的观点从不同角度出发可能有不同的理解。我这里想强调的有两点：第一，要尊重社会经济发展的阶段性，要习惯于找差异，求同存异。人口学中包括本书中大多介绍的是分析思路和分析方法，这是研究人口问题的通用工具，但是当分析不同对象、内容和观点时要有批判性思维，要基于事实和证据做独立判断，不要人云亦云，即使是对哈珀教授这样的大学者的观点也可以有自己的不同认识，这在国际比较时尤其要注意，以平常心和学术定力来看待学术讨论中的不同意见。第二，在全球人口变动的今天，一定要有全球观和前瞻性，远见卓识，未雨绸缪。一般认为人口是一个宏观变量和慢变量，观察和研究人口现象要有较长的周期，不能只看当前，要瞻前顾后。早在1980年代，哈珀教授就开始关注和讨论中国的人口现象，例如《中国城市老龄化：上海和北京的案例研究》（1989）、《中国人民与文化》（1992）等，并一直持续关注。在她的带领下，牛津大学老龄化研究所一直关注和研究全球的人口变动，只要你打开网站，你就能够看到牛津大学人口研究的全球布局，你甚至能够看到刚刚进入新世纪时，他们就已开始全面深入研究非洲的人口和人口老龄化问题。这一点，世界一流大学的做法是特别值得我们深思和借鉴的。

总而言之，人口学是一门充满魅力且具有广泛包容性的学科，本书兼备科普性和学术性。对于想要了解人口学及相关基本概念的读者，以及正准备开展人口学研究的学生读者都应该有比较大的帮助。

献给卡洛琳

目 录

第一章 人口即命运? 1

第二章 从 5.5 万到 70 亿 6

第三章 人口学思想之父 14

第四章 通往统计学和数学模型之门 25

第五章 驱动因素 37

第六章 人口转变——人口学的核心内容 58

第七章 人口学家的工具箱 67

第八章 人口金字塔和人口推算 79

第九章 分支学科的出现 91

第十章 人口政策和未来挑战 104

专用词汇表 118

译名对照表 128

参考文献 132

扩展阅读 137

第一章

人口即命运？

在第一次世界大战爆发的背景中，法国与俄国结盟起到了至关重要的作用。虽然这源于法国和俄国之间彼此的政治忠诚，但是人们也承认，这是因为当时法国正在输掉与德国的人口竞赛，从而促进了法俄结盟。法国通过向俄国提供资本和技术，换取了俄国的巨大人力资源储备。21世纪英国多元文化社会的兴起，使其摆脱了20世纪下半叶仅靠生育更替人口能力下降的问题。这鼓励了来自英国前殖民地的移民劳动力与资本转移之间的交换。日本的早期经济成功部分可由其高密度人口来解释，这一因素使得技术转移可以迅速发生。有关国家的政治联盟、文化变革和经济增长，都可以部分归因于这些国家的人口结构。

“人口即命运”的观念起源是有争议的。尽管很少会有人坚持这种决定论的立场，但是人们也日益认识到，人口变化在地方、国家、地区和全球层面的政治制度、经济与社会中起着关键作用。

虽然有许多学科对“人”感兴趣，例如人类学、社会学和心理学，但是人口学的核心概念是人口变化的驱动因素，即死亡、生育和人口迁移，以及这些因素如何相互作用影响人口。这些人口驱动因素的相互作用导致了人口规模、构成、密度和分布方面的各种结果，这些结果在国家和地区之内以及之间会有所不同，继而对它们所形成的社会和社区以及构成这些社会和社区的个人产生显著影响。例如，每个人所处的出生队列或世代，该队列的人口构成及其与那些同时在其他地方出生以及之前和之后队列之间的关系，都强烈影响着个人的生活机会。此外，对人们生活于其中的经济和政治结构也会施加影响，构造着人们获取诸如食物、水、教育、工作、性伴侣甚至个人寿命等社会和自然资源的机会。

17世纪中叶的英格兰正处于复兴和发现的时代，同时也是瘟疫和死亡的时代。这两个条件的偶合导致了人口学的产生。英国皇家学会成立于1660年，致力于“经验观察和实验”；牛顿和他剑桥大学的同事们那时正在发展微积分学、力学和引力理论。确认可以解释物理学和物理世界中上帝杰作的数学公式，是发现可以解释上帝的人类身体计划的更多公式的自然途径。瘟疫的不断蔓延使得死亡遍布周围。每周发布伦敦丧葬数的《死亡清单》则提供了一项完美的来源，可以被用来探索上帝创造世界时制定的生死法则。商人约翰·格朗特使用这些数据在1662年制作了第一张原始生命表，这正是人口学的初始研究内容之一。至此，在关于大地、海洋和天空的法则中，加入了关于生死的数学定律。虽然几个世纪以来人口学已经发展成涵盖广泛的理论和方法论，探讨了人口的增长、再生产和变化等基本原理，但是在其内核仍然保持着对能够解释人类寿命长度的数学定律的不断探寻；这一探寻如今已经成为人口学家与数学、进化生物学和遗传学等同行科学家共享的研究领域。

当代人口学可以分为三个独立研究领域。首先是研究过去或现在关于人口规模和构成的特征，对年龄、性别、婚姻状况、受教育程度、空间分布、种族和社会经济群体等构成标准尤其感兴趣。其次是对直接影响人口构成的各种过程感兴趣，主要是生育、死亡和人口迁移，有时也被称为人口驱动因素。第三个领域关心的是这些静态特征和动态过程之间的关系，以及它们在社会、经济和文化环境之中的相互影响。

当代的作者们认为现代人口学在社会科学中占有特殊地位。与许多其他社会学科（例如社会学或心理学）不同，人口学的分析对象很明确，那就是人。此外，决定主要人口过程——再生产和死亡，或生育和死亡——的人类行为法则，比许多其他人类行为过程更有规律。第三，当代人口学是一门真正的跨界学科，因为它很大程度上依赖其他社会科学来解释人口统计结果。

在本书中，我将首先探讨全球人口在时间和空间上的演变方式，其在几千年里经历了稳定但小幅的增长，直到大约二百年前开始转变为急剧增长。在两万年前最后一个冰河时代结束时，估计有大约100万名智人散布在欧洲、非洲和亚洲。在接下来的一万五千年里，随着农业、定居生活和文明的出现，人类经济和社会发生了巨大的变化。到公元前5000年时，世界人口估计已达500万，而且每个大陆都已有人类定居。又过了七千年时间，大约在1800年左右，人口达到了10亿。

城市化和工业化的到来导致人口数量稳定增长。从1700年开始，死亡率开始了一段长期逐步下降的过程：贸易、农业和工业革命提高了生活水平，公共卫生措施大大降低了婴儿和儿童的死亡率。到20世纪初期（1930年左右）人口翻了一番，达到20亿；在五十年内又翻了一番，达到40亿（1975年）；到20世纪末已达60亿。目前，这一数字约为70亿，预计在21世纪将达到100亿左右。

然后，我将着眼于人口学学科的发展，细数有哪些主要的理论家，是什么原因使得他们对人口学产生兴趣，以及他们在过去的几个世纪中如何塑造了这门学科。正如我所描述的那样，对人口学的正式研究可以追溯到17世纪中叶格朗特的原始生命表。其他人接手了这项任务，到19世纪时，数学估计已经很复杂并且获得高度认可。从理论上说，正是马尔萨斯提出了人口无限制增长可能带来影响的假设，因此他被许多人视为人口学研究的真正创始人。

主要争论之一围绕着人口转变展开。这指的是，当国家从高死亡率与高生育率平衡的稳定状态，演化到低死亡率与低生育率平衡的稳定状态时发生的一系列变化。理论家们激烈争论着这种转型的时机和驱动因素。我们将探讨人口学家们用来理解这些过程的工具和材料。

到20世纪初时，人口学已被认为是一个单独研究领域，大学中第一次教授人口学课程，关键的理论家们获得认可，并发展出了一套清晰的方法和技术。除此以外，我们还将考虑到新的人口学分支学科的出现。近几十年来，人口学在被其他学科（例如社会学、历史学、经济学）纳入研究领域的同时，又发展出了一系列分支学科。现在，生物人口学、人口经济学、人口地理学、社会人口学和人类人口学都成为人口研究广阔领域的构成部分，这些研究分析了影响人口的经济、社会、文化和生物过程之间的关系。这使得我们可以采取一种多学科的方法，该方法可以被用来解决各种当代问题，并借助人口学的预测能力去展望未来。

所有国家都有人口政策吗？在设法解决21世纪一些关键的人口挑战之前，我们将先来考察其中的一些问题。撒哈拉以南非洲的生育率会下降到代际更替水平以下吗？如果没有下降到如此程度，后果将是什么？在世界不同地区，环境、人口和消费之间的关系是什么？我们将如何为预计到2050年的90亿或100亿人口提供食物和水？即将到来的世界人口老龄化将产生什么影响？

以数学科学为核心的人口学，正在努力解决其中一些极为重要的挑战。人口也许不是命运，但是它确实可以提供必要的科学证据，以指导政府和政策制定者们跨越21世纪。

第二章

从5.5万到70亿

今天我们所理解的人类种群大约始于一百万年前；一百二十万年前，人类约有5.5万人口，今天所有的人口都由这些人类繁衍而来。其中包括几种人类物种，诸如非洲的匠人和东亚的直立人。新的遗传证据正在改变我们对人类进化的理解。该证据表明，在过去的十万年中，所有现代人类——无论是否为非洲人——都源自同一个祖先种群。这有悖于那些认为非洲人类在很早以前就与非洲以外人类分离的早期理论。

另外，这些证据还表明，智人大约在五万年前离开非洲，通过非洲人类与非洲以外人类之间的混血，遗传物质的共享一直持续到两万至四万年前。

除此以外，对骨骼和工具的全面年代测定表明，现代人类最早在四万五千年前到达欧洲，与尼安德特人共同生活了长达五千年，甚至可能与之有过思想和文化交流。还有遗传证据表明，这些现代人类的祖先与尼安德特人发生过混血，特别是现代欧洲人体内含有多达5%的尼安德特人脱氧核糖核酸（DNA）。研究人员指出，在数千年的时间里，尼安德特人的数量一直在下降，而同时现代人类的数量却在增加。大约四万年前的一段极端寒冷时期，可能已经足够解释尼安德特人数量不断减少的原因，并导致了他们的最终灭绝（方框1）。

方框1　现代人类是否屠杀了尼安德特人而成为统治物种？

长期以来一直有人猜测，从非洲到达欧洲的现代人类带来了致命的非洲疾病，并追捕和屠杀了欧洲的原始居民尼安德特人，导致他们在五百年内灭绝。研究人员现在则相信，这两个物种共同生活了五千年之久，捕猎相同的动物，收集相同的植物，并交流思想、技术和文化。他们之间甚至发生过混血，导致现代欧洲人体内还存在尼安德特人的DNA。考古学和遗传学证据都表明，当现代人类从非洲到达欧洲时，尼安德特人已经在衰落中，可能无法幸免于大约四万年前发生在整个欧洲的严酷气候变化。

智人被认为是到公元前30000年时地球上剩下的唯一人类物种。在大约两万年前的最后一个冰河时代（末次盛冰期）末期，即旧石器时代，估计大约有100万人分布在欧洲、非洲和亚洲。遗传证据表明，在人类第一次走出非洲的过程中，欧洲人口可能已经大幅减少过一次。人类已经到达澳大利亚，但可能没有到达美洲。

快速的经济和社会变革

在此后的一万五千年中，随着农业、定居生活和文明的出现，人类经济和社会发生了巨大的变革。大约在一万年前有一段全球变暖时期，冰盖融化并退缩，我们进入了今天仍生活在其中的全新世时期。最初，这带来了中石器时代狩猎采集者和新石器时代农业生产者的文化时期，并且有人认为这种农业发展支持了这一时期人口的持续增长。公元前10000年左右，新石器革命带来的急剧转变，有时也被称为新石器时代人口转变，使得人口从流浪的狩猎采集者转向定居农业。从欧洲、中东，到近东、中国和中美洲，这种转变似乎是跨不同大洲和时间段相互独立发生的。前旧石器时代的狩猎采集者大多存在于独立的小团体中，易受当地食物供给变化的影响。新石器时代的农业生产者们形成了更大、更密集的人口群体，他们可以通过建立剩余食物储备来抵御季节性的饥荒。

经典理论对这一生产转变过程中人口突然膨胀的解释是，新生产技术的创新和散播、易于储存营养谷物的种植以及动物的驯化扩大了可获得的食物供给，并保护了人们免于承受营养压力。结果是，人们的健康状况得到改善，死亡率下降，从而人口得以增长。

其他人却对此理论提出质疑，他们认为实际上死亡率是提高了而不是下降，只是因为生育率也在提高才使得人口出现增长。有人认为，随着从水果、蔬菜和肉类的混合饮食转向对谷物的高度依赖，人们饮食的营养价值下降了。此外有人提出，定居农业人口的高密度生活，使寄生虫和传染病得以传播。因此，营养摄入上较弱的农业生产者比他们之前的狩猎采集者有更高的患病率和更低的预期寿命。

但是，从流浪向定居生活方式的转变提高了生育率。例如，现代人类学对非洲的研究表明，从事定居农业的妇女生育间隔比仍然是狩猎采集者的同时期妇女要短。对于游牧民族来说，总是带着幼儿和婴儿到处迁移很累赘，然而儿童劳力对于农耕来说却是宝贵的资产。无论采用何种理论解释，事实都是人口大量增长，到公元前5000年时，世界人口估计已达到500万，而且每个大陆那时都已有人定居（方框2）。

方框2　今天的地球人口是否比历史上曾生活在地球上的人口更多?

尽管很难估计历史的人口数字，但美国人口资料局估计，大约有1070亿人曾在这个地球上生活过。今天仍有70亿人生活在地球上，这意味着对于每1个还活着的人就有15个人曾在这个地球上生活并死去。人口学家们相信，到基督时代时，已经有超过70亿人曾以这颗星球为家。

这两种理论都探讨了经济和社会生活方式对所涉及人群行为的影响。人口本身也可能会影响人们的行为。例如，可能会有人主张，大约在一万年前，人口增长对可供狩猎和采集土地的压力迫使人们耕种和采集粮食，以使得可用土地的生产力变得更高。有人提出狩猎采集者知道如何种植和收获农作物，但是这种向农业生产的转变却一直没有发生，直到人们由于人口压力而不得不转而种植粮食。这些主张得到以下证据支持，即：转而从事农业比从事狩猎和采集需要更大的工作量，因此只有在必要时才会被采用。

在随后的五千年中，新石器时代的过渡和转变使得世界人口每两千年翻一番，到基督时代达到了2.5亿，这一增长速度与之前的两万五千年间相比十分可观，那时人口需要将近一万年时间才能翻一番。很多学者将这种增长与新技术的出现联系起来，使得农作物、动物和发明以及人口，沿着一条贯穿欧亚大陆的肥沃地理轴线传播开来。例如车轮的发明，在公元前3000年左右的东南亚改变了交通方式，使得人和货物能够沿着新建的道路快速移动。文字书写大约在同一时间出现在美索不达米亚和中国，使思想和创新得以传播。这些都导致了新文明和大帝国的诞生，如奥斯曼帝国、埃及王国、罗马帝国和中国王朝。罗马帝国鼎盛时期可能有大约5000万人口，有观点认为，其中罗马自身拥有100万以上人口。印度和中国可能有与罗马帝国同等规模的人口。大城市出现了稳步发展的人口增长治理和控制的系统。这些都支持了大规模的技术创新，诸如极大改善粮食供应的灌溉系统，供水、排水和卫生系统的管控，以及管控贸易的数学和会计机制。虽然这些创新为人口增长提供了支持，但是人口增长仍然易受疾病、饥荒和气候变化影响，从而制约了其迅速增长。

在接下来的一千五百年里人口增长经历了巨大波动。看起来在公元500年至900年间世界人口规模增长得很少，而随后的四百年中世界很多地方的人口都经历了增长。在公元后第一个千年之初，罗马人统治下的不列颠的人口约为100万，而在一千年后《世界末日之书》写成时，该地区的人口仍然如此。第二个千年的前三个世纪预示了一段人口稳定增长和在很多地区扩张的时期。欧洲和非洲的人口增长了一倍，亚洲和美洲的人口增长了一倍半。例如，在诺曼人的统治下，不列颠的人口迅速增长，增长了约三倍达到400万。来自锡兰的证据表明，在成熟的农业系统支持下，人口的快速增长在12世纪达到了一个高点。中国人口大概从第一个千年初的7000万增长到12世纪的1.2亿。

然而，在整个13世纪，除了美洲之外，这些地区的人口都出现了下降。很可能是因为全球气候的变化，比如，这一时期的欧洲气候就尤其不利；或者是因为人口压力而出现人口增长的自然抑制，抑或仅仅是一种巧合。14世纪的黑死病，一场从戈壁沙漠蔓延到中国、印度、中东和欧洲的瘟疫，使欧洲人口减少了三分之一。随后是长达三百年的人口有限增长的时期。

15世纪，欧洲人对美洲的发现给当地土著居民带来了灾难性影响。美洲土著人以及北部的阿兹特克文明和南部的印加文明，因疾病、饥荒和战争而导致人口大量死亡。从16世纪起，亚洲经历了增长期以及随后的停滞。16至17世纪，日本人口增长了两倍，然后是急剧的下降。同样，中国人口在17至18世纪增长了一倍，然后再次放缓。作为一个伟大的贸易帝国，中国未能像它的欧洲邻居那样实现工业化，而是向内转，从而错失了欧洲在接下来的19世纪人口大繁荣的机会。

稳定的扩张

然后，情况于18世纪末在欧洲发生了变化。人口增长的繁荣与萧条趋于稳定。高死亡率和高生育率开始下降。那些之前曾在她们孩子成年前就失去其中多达一半孩子的妇女，如今不再只是为了保证孩子可以顺利替代他们的父母而必须生育五个或六个孩子。整个生命过程中的死亡数减少了。欧洲已进入人口转变。

到18世纪末，人类在这个世界上居住了三万年后，世界人口达到了10亿，分布在所有地区。在一百年内，超过一半的出生婴儿将达到生育年龄，并且随着预期寿命的不断增加，世界人口将开始稳定持续增长。到1930年，世界人口翻了一番达到20亿，到1975年再次翻了一番达到40亿，预计到2030年左右还将翻一番。这一时期人口的分布也发生了变化。1900年前，亚洲人口一直占世界人口的三分之二，到1900年时其占世界人口的份额下降到57%。欧洲人口占比到1900年时提高到25%，然后在20世纪末大幅回落到10%以下。非洲人口占比基本保持在15%左右，美洲保持在10%左右。

展望未来，预计亚洲和非洲人口将总体增加，欧洲和北美人口将继续减少；预计到2050年时，所有人口增长中的97%将出现在新兴经济体中，主要是在亚洲和拉丁美洲以及那些主要分布在撒哈拉以南非洲的最不发达国家。到2050年时，亚洲人口将占世界人口的55%，达到50亿，而欧洲人口将从7.4亿下降到7.09亿，仅占全球人口的7%。

此外，从农村到城市的人口迁移，再加上自然增长，会导致城市人口出现不平衡的增长，这种情况在欠发达国家尤为突出。在19世纪末时，世界上只有10%的人口居住在城市地区。到1950

年时城市人口已占到29%，到20世纪末千禧年时已超过50%，预计到2025年将达到75%。城市区域的规模也在不断增加。1950年，只有东京和纽约两座城市的人口超过了1000万，而现在有28座特大城市的人口超过1000万。预计到2030年时，将有41座城市的人口超过1000万。这些城市区域中有8座城市将容纳超过2000万人口，而且除了两座城市以外，其他全部位于发达地区。

世界人口的年龄构成也在发生变化。据测算，按照60岁以上人口超过15岁以下人口的标准，欧洲在20世纪末千禧之交时达到成熟。到2050年，亚洲年轻人口的占比将下降，届时60岁以上人口将超过10亿，占比20%，而15岁以下人口将不到10亿，占比19%。同样，拉丁美洲和加勒比地区60岁及以上人口的占比到2040年将达到20%，而15岁以下人口的占比将降至19%。可以确定的是，到2050年时，世界上的老年人口将首次与年轻人口相同，均为20亿，分别占世界总人口的21%。但是，非洲人口将继续增长并保持年轻。预计到2050年时，非洲人口规模将倍增，从10亿增加到23亿，其中三分之一人口的年龄在15岁以下。

正如法国人口学家利维·巴奇所言："旧石器时代的上百万居民，新石器时代的1000万居民，青铜时代的1亿居民，工业革命时代的10亿居民，或者21世纪末可能达到的100亿居民，他们所代表的肯定不只是简单的人口增长。"

第三章

人口学思想之父

人口学的思想可以追溯至古代。“人口统计”（demography）一词来自希腊语“demos”，意思是古希腊国家和所有古代文明的普通人民，这些古代文明都发展出了描述其人民和社会构成的方法。但是，人们通常认为人口学起源于17世纪中叶，英国统计学家约翰·格朗特是其创始人。甚至可能还有人主张说人口学有确切的诞生日期，即1662年2月27日，这一天，格朗特的《关于死亡清单的自然与政治观察》首次出版。虽然早在此日期之前就开展过包括死亡和出生人数信息的人口普查，但格朗特的《关于死亡清单的自然与政治观察》是考察这些数字中内在统计规律性的首次尝试。

然而，在考虑建立和发展“人口学”研究的理论家时，引人注目的是他们多样性的社会和学术背景。从17世纪一位好奇而务实的商人开始，接着是占星家、哲学家、统计学家、工程师和经济学家，本章中讨论的这些理论家因为对于研究人的共同兴趣而汇聚在一起。推动他们研究的动机多样性，与他们的背景多样性相比不遑多让。今天被视为学术研究的那些领域，当时是源自对市场研究、个人经济利益的兴趣，还有很多时候只是由偶然事件和环境所引发。

英国皇家学会在人口学早期发展中起到了重要作用，其全称为“伦敦皇家自然知识促进学会”，成立于1660年，致力于“经验观察和实验，首先是对自然界和技术的研究，然后是对社会的研究”。在20世纪情况发生了重要变化，人口学成为一门学科，一开始是作为数学和统计学的一部分，然后大学开始讲授人口学课程，人口学家得到培训，人口学被承认是一个单独研究领域。1928年，国际人口问题科学调查联盟成立。

约翰·格朗特（1620—1674）

关于人口学的正式研究，可以追溯到1620年4月24日出生于伦敦的英国“统计学家”约翰·格朗特。尽管人们可以推定他多半没有上过大学，但仍然对他的其他受教育情况知之甚少。虽然缺少正规教育，但是格朗特的传记作家约翰·奥布里仍将他描述为一个有才华和好学的人，而且众所周知，格朗特自学了法语和拉丁语。约翰·格朗特跟随他的父亲亨利·格朗特到男子服饰用品商店工作，到1666年时已成为伦敦一位富裕的男子服饰用品商人。格朗特对潜在顾客群的构成很感兴趣，这促使他考察了伦敦人口的特征。格朗特研究了伦敦教区的记录资料，并于1662年发表了他的《关于死亡清单的自然与政治观察》，其中包含了第一张原始生命表（详见表1）。该表清楚而简明地呈现了伦敦不同教区教堂的数据，这些数据收集并记录了教区教堂会众的信息。尽管如今看来格朗特的方法未免有些过于简单化，但是这确实使他能够提炼出一些有趣的人口趋势。例如，他的分析显示男

表1　格朗特的生命表

年龄区间	区间内的死亡概率	区间开始前的生存概率
0—6	0.36	1.00
7—16	0.24	0.64
17—26	0.15	0.40
27—36	0.09	0.25
37—46	0.06	0.16
47—56	0.04	0.10
57—66	0.03	0.06
67—76	0.02	0.03

性的出生率和死亡率均高于女性。因此，尽管出生的男性较多，但达到“老年”的人数却较少。格朗特从而能够证明，总体而言，人口中成年男性与女性的数量基本相当。

格朗特的分析还使他能够“大致估计正处于兵役年龄的男性人数、处于育龄的女性人数、家庭总数，甚至伦敦的人口”。他还可以通过他的数据来估计每个年龄段人口的生存概率，他的这些数据表明，50岁人口的死亡可能性与20岁的相同。据此，格朗特推断这些死亡并非仅与年龄有关，并提出“瘟疫”必定是最重要的因素，或者更确切地说，是各种不同“瘟疫”的混合。这些瘟疫那时已经在伦敦流行了很多年，是国王查理二世关切的一件要事，其时这位国王正在研究一种防止瘟疫在伦敦蔓延的系统。

1662年2月27日是“人口学的生日”，格朗特向英国皇家学会展示了他制作的生命表。两个月后，也就是4月26日，格朗特经国王个人推荐成为英国皇家学会的会员。

尽管今天人们普遍认为格朗特是人口学的创始人，但是他于1674年去世，去世时已经破产而且名誉扫地。他晚年从加尔文教改信天主教，在1666年伦敦大火中失去了他的生意，以及关于他参与纵火（不太可能）的流言蜚语，令他从备受赞誉的人生顶端跌落。在他去世后，曾有人尝试将他的“死亡清单”重新归功于他的社交熟人威廉·配第爵士。尽管格朗特的“死亡清单”不是配第制作的，但是配第的成就确实建立在格朗特的开创性工作之上。尽管格朗特一生所受到的认可和赞誉可能已经消退，但是他对人口的思考方式和兴趣为今天的人口学家铺平了道路。格朗特的表格使得出生、婚姻和死亡开始被普遍登记，因此他理所当然地被称为“人口学之父”。

威廉·配第爵士（1623—1687）

威廉·配第爵士与格朗特共享一种好奇探究的精神。他们对探究知识和科学的爱好是17世纪的时代特征，这一点体现在英国皇家学会的成立上，而配第是其中一位创始成员。配第的人生开始时比格朗特更加不利，他是汉普郡一个穷苦织布工人的儿子。然而，后面随之而来的是财富和权力。他在莱顿大学、巴黎大学和牛津大学接受教育，在牛津大学拥有解剖学教授职位，在伦敦拥有音乐教授职位，又成为国会议员，并于1661年被国王查理二世封为爵士。

13岁那年，配第在海船上担任客舱服务员。但是在一次事故中他摔断了腿，然后被送到法国港口的岸上。借此机会，配第向耶稣会大学申请学习拉丁文，并在语言和数学方面均获得很好的教育。离开法国后，配第在荷兰学习医学，然后在巴黎学习解剖学。在巴黎，配第成为包括帕斯卡和笛卡儿在内的科学家和哲学—数学家圈子的一员。第二年，也就是1646年，他回到英格兰在牛津大学学习医学。还不到五年，另一个机会出现了，他成为"克伦威尔在爱尔兰军队的主任医师"。到达爱尔兰后，配第进一步采取行动，夺取了他的朋友本杰明·沃斯利博士的职位，成为克伦威尔的爱尔兰土地衡量总监。在不到二十年的时间里，配第已经从一个贫穷的客舱服务员一跃成为手握大权的约10万英亩爱尔兰充公土地的所有者。

格朗特于1662年发表了他的生命表，同年，配第也出版了他对人口学的重要贡献《赋税论》。配第的工作着重于经济方面，他研究了国家在经济中的作用，触及了劳动价值论，并从死亡率推断了人口死亡对社区经济造成损失的估计。因此，配第被视为政治算术的创始人之一，他将其定义为"通过基于政府相关事务的数字进行推理的艺术"。他还创造了例如"充分就业"这样很多经济学今天还在使用的概念。

埃德蒙·哈雷（1656—1742）

埃德蒙·哈雷可能更因其在天文学方面的工作，特别是计算后来被称为“哈雷彗星”的轨道而闻名，而不是对人口学的贡献。与威廉·配第爵士一样，哈雷的专长跨越多个学科。除了研究天文学外，哈雷还研究制图学，出版了有史以来第一张气象图，并参与出版了艾萨克·牛顿1687年的《自然哲学的数学原理》。对于人口学而言重要的是，哈雷开始对死亡率表产生兴趣，这为以后人寿保险中保险精算表的产生奠定了基础。

埃德蒙·哈雷1656年11月8日出生在伦敦附近的肖尔迪奇。哈雷的父亲是一位成功的肥皂制造商，他与约翰·格朗特一样，在1666年的伦敦大火中失去了大部分生意。幸运的是，哈雷的父亲仍然可以负担得起埃德蒙在家接受私人家庭教师教育，然后再去伦敦的圣保罗学校读书。他还为埃德蒙购买了必要的星象仪器，促进并资助了埃德蒙对天文学爱好的追求。1673年哈雷被牛津大学皇后学院录取时只有17岁，但他那时已经是一位“专业天文学家”了。1678年11月，年仅22岁的哈雷当选为英国皇家学会会员，成为最年轻的会员之一。1685年哈雷成为《英国皇家学会哲学学报》的编辑，他对人口学的主要贡献正是在这一时期通过其对死亡率表的兴趣做出的。他在1693年发表了布雷斯劳市的死亡率表，也就是现在的波兰弗罗茨瓦夫市，这是最早的致力于将人口的死亡率与年龄联系起来的努力之一。然而，天文学仍然是哈雷最重要的兴趣。在国王查理二世强有力的资助支持下，1697年哈雷离开英格兰前往大不列颠最南端的领土圣赫勒拿岛，任务是绘制南半球的星图。

理查德·普赖斯（1723—1791）

理查德·普赖斯出生于1723年，他是我们第一个不受国王查理二世支持的理论家。在普赖斯生活的时代，《大不列颠百科全书》于1771年首次出版，证明了那个时代人们不断追求探索发现的活力。普赖斯的朋友圈则进一步反映了那个时代的活力，他的朋友圈包括英国首相威廉·皮特、本杰明·富兰克林和启蒙哲学家大卫·休谟。普赖斯对人口学的主要贡献是他建立了人寿保险和养老金的科学体系。

普赖斯跟随其父赖斯·普赖斯牧师的脚步，成为一名公理会牧师。理查德·普赖斯是一位“异议者”，他没有追随已建立的国家教会，而是选择作为长老会牧师。他是法国和美国革命的热心拥护者，在他的时代因其有争议的观点而颇有名气，他布道时经常会吸引大批听众。普赖斯以其著名的布道《论爱国》（1789）为法国大革命大唱赞歌，埃德蒙·柏克的《法国革命论》对此作了回应。像配第和哈雷一样，普赖斯的科学兴趣很多样化。他对电很感兴趣，并密切关注他朋友约瑟夫·普利斯特里的工作，后者是氧气的发现者。

普赖斯在人口学方面的主要贡献缘于他的一位熟人的去世，这位熟人就是贝叶斯先生。贝叶斯悲伤的家人问普赖斯是否可以检查一下逝者近期撰写的关于各种主题的论文。普赖斯在1765年时就因其在概率论方面的工作被选入英国皇家学会，他认识到贝叶斯的论文《机会学说中一个问题的解》的重要性，并与英国皇家学会分享这一发现。贝叶斯的论文似乎是促使普赖斯从事保险、人口学以及金融和政治改革的诱因。普赖斯在1769年致信本杰明·富兰克林，对“预期生命、人类增长和伦敦人口”发表了评论。他的观察结果于同年稍晚时候发表在《英国皇家学会哲学学报》上。

普赖斯关于人寿保险和养老金的科学体系发表于1771年的《关于复归支付的观察》中。该书与次年的《关于国债向公众的呼吁》一起出版，使得威廉·皮特重新设立偿债基金以清偿英格兰的国债。普赖斯于1776年被授予伦敦城自由奖，并在两年后应美国国会邀请提供财政方面的政策建议。1781年，他与乔治·华盛顿一起被耶鲁大学授予法学博士学位。

托马斯·马尔萨斯(1766—1834)

到1798年，世界人口达到10亿左右，但那时还没有人知道。现代人口学研究的创始人托马斯·马尔萨斯说：

> 在人口方面的不断努力……使得人口增加了，但是维持生存的手段并没有增加。因此，以前供养700万人所需的粮食现在必须分配给750万或800万人。结果，穷人只能生活得更糟，其中很多人陷入了严重困境。

那时正是作为法国大革命余波的爱尔兰叛乱时期，拿破仑的舰队在海上，他的目的地未知，陆地上发生饥荒而动荡不安。

1798年夏天时已经历了十年的政治动荡。1794年至1796年间，由于收成不好和高粮价威胁到农村贫民的生存，爆发了粮食暴动并使英格兰陷入瘫痪。新机器对原有秩序的广泛破坏威胁到农村手工业者的生计，也引发了劳工暴动。贫民的存在、工人的不安定、激进主义的蔓延，所有这些状况都交织在一起，促使马尔萨斯继续撰写他的论文。马尔萨斯是一位科学家，而自然是由法则构成的，科学家的作用就是为了人类的福祉去发现和阐明那些法则。

马尔萨斯1766年2月13日出生在一个富裕家庭。像理查德·普赖斯一样，马尔萨斯的父亲是大卫·休谟的熟人，也是启蒙哲学的追随者。马尔萨斯被描述为一位“经济悲观主义者”，在意识形态上与他的父亲和普赖斯都不同。普赖斯支持法国大革命，而马尔萨斯的信仰可以被看作一种对法国大革命的逆反。

马尔萨斯在家庭接受教育，之后于1784年被剑桥大学耶稣学院录取，在那里他学术表现出色，于1791年获得他的文学硕士学位，1793年当选为耶稣学院的研究员。1805年，马尔萨斯成为东印度公司在赫特福德郡黑利伯里的大学的历史和政治经济学教授。这是在英国范围内第一次使用世界政治经济学命名一家学术机构。1819年，马尔萨斯当选为英国皇家学会会员。

1798年，马尔萨斯匿名出版了《人口原理》的第一版，完整的书名为《论影响社会改良前途的人口原理以及对葛德文先生孔多塞先生和其他作家预测的评论》。马尔萨斯认为，人类对社会幸福的无限希望必然是徒劳无果的，因为人口增长速度总是倾向于超出生产增长速度。

马尔萨斯的理论基于一系列假设。食物是人类生存所必需的；两性之间的激情是必需的并将保持现状；人口将以几何级数增长，食物将以较小的算术级数增加。当前的人口增长受到战争、饥荒、瘟疫等“现实性抑制”的制约。重要的是，人类要转向一系列“预防性抑制”，如克制、理性和远见来制约人口增长，以减轻苦难并改善人类福祉。

他对人类处境的立场很大程度上受到法国大革命学说的影响，也受到葛德文先生等人所持当时盛行思想的影响，这一思想认为，理性人最终可以在没有法律和制度的情况下实现繁荣与和谐的生活。相反，马尔萨斯本质上是经验主义者，他以当时严酷的现实作为自己的出发点。他的反应是按照英国经济学的传统发展的，这在今天会被认为属于社会学范畴。不过，马尔萨斯的人口理论被纳入了经济学的理论体系。这一理论抑制了经济乐观主义，帮助证明了基于工薪阶层最低生活成本的工资理论，并劝阻传统的慈善形式。马尔萨斯的人口理论对英国的社会政策产生了强烈而直接的影响。人们普遍认为，高出生率增加了国民财富。然而，马尔萨斯认为，要想实现财富的最大化，一个国家就必须在“生产能力和消费意愿”之间取得平衡。

马尔萨斯当然没有意识到他那时居住的世界正处于一个临界点上。欧洲即将从大陆和海外新领土获得新的土地供应，这使得可以在改进交通方式的帮助下，通过移民和新的粮食来源缓解农村人口压力。源自法国的节育办法缓慢传播到整个地区，因而尽管两性之间的激情可能无法控制，但是其结果（生育）可以控制。新技术即将改变农业生产，从而显著提高粮食产量，并为工人阶级提供新的劳动力来源。欧洲的人口结构转型即将开始。虽然马尔萨斯未能预料到农业革命、移民和生育控制将防止他所预测的灾难性人口过剩的发生，并因此受到批评，但是他理解出生和死亡影响人口的动力机制，并为现代人口研究奠定了基础。

从约翰·格朗特到托马斯·马尔萨斯，这些早期开拓者帮助塑造了我们对人口研究的理解。他们提请我们注意以下事实：从人口学角度研究人，与从医学角度理解人（理查德·普赖斯）或者探索人所居住的星球（埃德蒙·哈雷）一样重要。这些基础对于发展分析推理、数值问题和算术记录之间的关系至关重要。他们的工作虽然与风险及其评估的商业、法律和宗教习语密不可分，但可以被认为构成了现代概率论的基础。

第四章

通往统计学和数学模型之门

到19世纪，“人口学”的研究已从约翰·格朗特的原始生命表发展为复杂的统计定律和冈珀茨、马克汉姆的理论。英国皇家学会仍在人口学的发展中发挥着作用，但随着人口学方法论的发展中心从英国转移到欧洲、美国和澳大利亚，以及国际人口问题科学调查联盟的成立，英国皇家学会的作用逐渐减弱并几乎消失了。国际人口问题科学调查联盟成立于1928年，其宗旨是作为专业机构致力于塑造人口学的未来发展。

虽然马尔萨斯关于人口原理的理论与现在的相关性不大，但是关于人类死亡率的第一个参数化模型——冈珀茨-马克汉姆死亡定律——在今天仍然有效。这一定律表明，死亡率是与年龄无关的要素（马克汉姆项）加上与年龄有关的要素（冈珀茨函数），后者随年龄呈指数增长。提出这一定律的是本杰明·冈珀茨和威廉·马克汉姆。

本杰明·冈珀茨（1779—1865）

冈珀茨1779年3月5日出生在一个犹太商人家庭，他们从荷兰移居到英格兰。作为犹太人，他无法上大学，结果他靠自学成才。冈珀茨对数学产生了浓厚的兴趣，并“通过阅读牛顿和麦克劳林的著作”学习数学。冈珀茨的数学教育很大程度上得益于他在18岁时加入了斯皮塔佛德数学学会（后更名为伦敦数学学会）。关于冈珀茨加入伦敦数学学会有一桩轶事：他路过一位贫穷簿记员的店铺，店铺主人约翰·格里菲斯是一位冈珀茨很想拜会的天才数学家。两人交谈时，冈珀茨向格里菲斯求教，格里菲斯回答说，冈珀茨可能更适合教授课程，并建议他加入学会。冈珀茨于是申请并成功入选会员，而且是史上最年轻的学会会员。十三年后的1810年，冈珀茨加入了股票交易所，并于1819年成为英国皇家学会会员。

冈珀茨对人口学的最大贡献是1825年提出的“冈珀茨死亡定律”。虽然他不是第一个尝试用数学公式表达死亡定律的人，但冈珀茨的贡献在于他认为，“死亡可能是由两个普遍存在的因素共同导致的结果：一个是意外，没有先兆的死亡或恶化；另一个是恶化，或者说逐渐失去承受毁灭的能力”，人类“持续获得病痛的种子，或者换言之，死亡的可能性不断增加”。冈珀茨推导出下列公式用于描述死亡力：

$$q_x = B * C^x$$

其中，q是在准确的年龄x时死亡的概率，而B和C是常数。

冈珀茨死亡定律表明，死亡率呈几何级数增长。因此，当以对数尺度绘制死亡率时，就可以获得一条被称为冈珀茨函数的直线。1834年，冈珀茨成为英国皇家统计学会的创始成员。

威廉·马克汉姆（1826—1891）

马克汉姆对人口学的最大贡献是他对冈珀茨的“死亡定律”（1825）所做的修正。在冈珀茨向英国皇家学会提交其发现四十年后，马克汉姆建议对此做如下更改：

$$q_x = A + B * C^x$$

“其中第三个常数A表示与年龄无关的死亡因素的影响”。可见，虽然冈珀茨认为死亡率随年龄增长呈指数增长，但是马克汉姆的贡献在于增加了一个与年龄无关的常数，该常数一方面说明了与衰老无关的死亡率，另一方面额外引入了可改善模型的第三个参数。因此，马克汉姆定律是“一种精算规则：人在20岁以上某个年龄的死亡风险等于一个常数加上该年龄的一个简单指数函数”。

1860年至1910年被视为过渡时期，人口学在这一时期脱离了统计学。国际上有一批人口学家，比如兰伯特·阿道夫·雅克·奎特莱、威廉·法尔、路易斯-阿道夫、雅克·贝蒂永、约瑟夫·科洛西、安德斯·尼古拉·基亚尔、理查德·伯克、威廉·莱克西斯和路易吉·博迪奥，都为人口学、人口统计方法和人口统计分析的发展做出了重要贡献。

威廉·法尔（1807—1883）

威廉·法尔是一位英国流行病学家，被誉为医学统计学的创始人之一。他出生在什罗普郡，父母穷苦，他在当地一位地主的资助下接受了教育，并在伦敦大学学院学习医学。1838年，在英格兰和威尔士成立总登记处时，威廉·法尔被任命为统计摘要的编辑，后来被任命为统计局局长。他是英国皇家学会会员，并从1857年社会科学协会成立起就参与相关工作。法尔被任命为1851年、1861年和1871年人口普查的助理专员，并撰写了这些年份的人口普查报告，包括建立第一张英国生命表。这使他可以不受限地获得英格兰和威尔士流行病学和人口学的主要数据资源。

法尔对霍乱的研究在1848年至1867年间的三场疫情中发挥了重要作用，对该疾病的监控方法做出了重大贡献。在1848—1849年霍乱大流行期间，法尔组织了对整个英格兰和威尔士霍乱申报数据的深入研究。他发表的数据按照伦敦各区的供水情况显示了各区的人口死亡率，该数据表明，受泰晤士河污水污染最严重的地区人口死亡率最高。此后，他公开呼吁供水公司改善供水条件。当霍乱疫情于1853年再次降临伦敦时，法尔再次按水域分析了伦敦的死亡率，并得以证明在供水条件改善的地区，死亡率要低于邻近地区。

法尔还对死亡原因进行分类，通过将特定职业人群的死亡率与普通人群进行比较，对职业流行病学做出了重大贡献。最著名的事例是在1864年，法尔强调指出，康沃尔郡矿工的死亡人数比例过高，表明矿工在每个年龄段因肺部疾病导致的死亡率都比普通人群中的男性要高得多，从而得出结论：矿井内的恶劣劳动条件是造成这些疾病的原因。威廉·法尔至今仍是流行病学史上的主要人物之一。

弗朗西斯·高尔顿（1822—1911）和卡尔·皮尔逊（1857—1936）

人口学的实践越来越受到现代统计学的影响。弗朗西斯·高尔顿的《自然遗产》（1889）、卡尔·皮尔逊的《现代科学的范围和概念》（1891）和《对进化论的数学贡献》（1893）的出版，被视为对统计分析尊崇和认识的新开端。高尔顿和皮尔逊的工作使人们重新坚信，统计数据分析将为许多科学问题提供答案。数据正在被大量收集，诸如相关系数和其他衡量相关性的方法、卡方检验法的发明，以及对概率误差公式的日益重视等统计学进展，为现代科学奠定了基础。1928年的费希尔-蒂皮特“分布定律”则预示了大数据科学时代的来临。

罗纳德·艾尔默·费希尔爵士（1890—1962）

罗纳德·费希尔爵士1890年出生在伦敦。费希尔19岁时获得奖学金在剑桥大学研究数学，毕业时取得了天文学学士学位。我们再一次看到了理论家们对天文学的普遍兴趣。虽然这些领域可能看起来是有差异的，但这两个领域的最终目标都是通过将大量信息转化为可管理的数据，从而加深我们对世界未知特征的理解。从这个角度来看，恒星与人之间的联系会变得更加清晰。

费希尔在学生时代就对进化论产生了兴趣，并成为剑桥大学优生学学会的创始人。离开大学后，费希尔教授数学和物理学，之后被任命为洛桑实验站的统计学家，在那里他从事植物育种实验。1933年，费希尔当选为伦敦大学学院的优生学高尔顿讲席教授，从1943年到1957年，他担任剑桥大学的遗传学巴尔福讲席教授。

费希尔的主要创新是其“开创了方差分析概念”。“费希尔的主要思想是将实验安排为一组分区的子实验，这些子实验之间的差异在于应用于它们之上的一个或多个因素或处理方法彼此不同。通过在统计分析中允许将结果差异归因于不同因素或不同因素的组合，这些子实验相对于在一次实验中一次仅改变一个因素的现行程序而言具有显著进步。”（《大不列颠百科全书》）

费希尔在60岁时被封为爵士，四年后发表了《统计方法和科学推断》。费希尔在数学概率方面的进步，凸显了20世纪人口学相较于18世纪的发展。弗朗西斯·培根对经验主义的认可和支持，影响了英国皇家学会的创始成员们，他理解，如果人们过于依赖简单的经验，就会错过森林，而只看到单独的树木。配第和格朗特都清楚地预见到，数学分析可以在某种程度上使观察者超越个体案例并看到更大的模式。两百年后，费希尔和蒂皮特等理论家意识到并实现了这一点。

伦纳德·亨利·蒂皮特（1902—1985）

伦纳德·蒂皮特出生于1902年，比费希尔小12岁。蒂皮特在伦敦帝国理工学院学习物理学。接下来，他成为统计学理学硕士，在伦敦大学学院高尔顿实验室师从卡尔·皮尔逊，在洛桑实验站师从费希尔。1928年，罗纳德·费希尔和伦纳德·蒂皮特用公式表达了三种类型的极限分布，以求得随机样本的最大项。费希尔和蒂皮特提出了一个定理，该定理可以被认为是极值理论的奠基石。这一理论研究的是随机变量分量化最大值的向量非退化概率分布的极限特性。

国际人口问题科学调查联盟（IUSIPP）

随着1928年国际人口问题科学调查联盟的成立，人口学领域的发展从依赖某些关键人物，转为更加依靠不断扩大的人口学家群体，尽管像以前一样，其中许多人并未接受过正式的人口学培训。第一次全球人口大会于1927年在日内瓦举行，重点是人口问题的关键性质及其对社会、经济和政治状况的影响。在大会的科学会议结束时，与会者决定应建立一个常设国际组织，以纯粹的科学精神考虑人口问题。国际人口问题科学调查联盟在巴黎成立，主要关注欧洲的人口问题。1947年，国际人口问题科学调查联盟改组为国际人口科学研究联盟（IUSSP），其兴趣和专长领域扩展到欠发达国家和新兴经济体。

到20世纪初，人口学已被认为是一个独立研究领域，大学里也开设了人口学课程，主要理论家们也已被接受和认可，并发展出一套清晰的方法和技术。这一时期的主要研究机构有：法国国立人口研究所，这是一家专门从事人口学和人口研究的法国研究机构；马克斯·普朗克人口研究所，位于德国罗斯托克；美国人口资料局成立于1929年，是一家私人非营利组织，旨在为了研究或学术目的向全世界的人们传播人口、健康和环境方面的知识。

战后数年西方的婴儿潮和发展中国家人口的迅速增长，凸显了人口预测的价值。约翰·哈伊纳尔1954年在罗马举行的世界人口大会上发表了论文《人口预测的前景》，主张在出生人数推算技术上要有更大的灵活性和多样性。哈伊纳尔是伦敦政经学院的统计学教授，他最著名的著作是1965年出版的《透视欧洲的婚姻模式》，该书指出了西欧婚姻模式与连接圣彼得堡和的里雅斯特的假想线——哈伊纳尔线——以东的欧洲人口婚姻模式之间的根本区别。

如今世界各地有很多受人尊敬和有影响力的人口学家在从事这项研究。当人口学界的成员被要求说出20世纪最具影响力的名字时，高居榜首的三个名字是：安斯利·约翰逊·科尔、威廉·布拉斯和杰克·考德威尔。这些学者均被公认对这一学科做出了关键而独特的贡献。

安斯利·约翰逊·科尔（1917—2002）

科尔是美国最重要的人口学家之一，其重要作用尤其体现在他对人口转变的研究，以及他对欧洲生育项目的领导方面。科尔在普林斯顿大学接受教育，并于1947年加入普林斯顿大学任职。他在大学的人口研究办公室度过了整个职业生涯，从1959年至1975年担任主任。他于1967年至1968年担任美国人口学会主席，并于1977年至1981年担任国际人口科学研究联盟主席。

科尔第一项有影响力的重要工作是《低收入国家的人口增长和经济发展》(1958),该书表明放缓人口增长可以促进经济发展。之后是《区域模型生命表和稳定人口》(1966)。这些模型生命表既建立了新的经验规律性,又在后来的技术发展中被证明具有极大价值,这些技术可以在数据不准确或不完整的情况下用来估计人口的死亡率和生育率。科尔与威廉·布拉斯一起率先开发和使用了这些技术。

然而,他的主要科学贡献是对人口转变的理解。科尔是欧洲生育项目的缔造者,这一项目研究的是欧洲婚姻生育率显著下降的问题。

威廉·布拉斯(1921—1999)

威廉·布拉斯是英国最杰出的人口科学家之一,创造了一个重要的人口学新领域。

威廉·布拉斯1921年出生在爱丁堡,1940年至1943年在爱丁堡大学学习,并在战争服役后于1946年至1947年再次在爱丁堡大学学习。1948年至1955年,他是统计员,后来担任东非统计局副局长。在那里从事东非医学调查和一些早期殖民地人口普查工作,正是在这段时间里,他发展出了很多关于人口数据收集和分析技术的想法。他致力于解决的中心问题聚焦于发展中国家的情况,在这些国家大多数出生和死亡未得到有效记录,那么应该如何可靠地估计死亡率、出生率以及人口规模和结构的趋势?布拉斯为这个问题想出了一系列富有独创性和巧妙的解决办法，展示了如何通过向母亲们简单询问她们生过的和仍存活的孩子数，得出儿童死亡率和死亡总数，以及如何通过询问人们其父亲或母亲是否已去世，从而估计出成人死亡率。

从1965年到1988年9月退休，他一直在伦敦卫生和热带医学院工作。1974年，在当时的海外开发署支持下，他在学院成立了人口研究中心，并成为该中心第一任主任。1985年，他当选为国际人口科学研究联盟主席，任期四年。

约翰·“杰克”·考德威尔（1928—2015）

约翰·考德威尔的第一个学术职位是加纳大学的高级研究员（1962—1964），他在那里创立了人口研究部门，并开始了有关非洲人口动力学的实地研究。这一早期经历开启了他对非洲的终身兴趣。他1970年回到澳大利亚，担任澳大利亚国立大学人口学系主任，直到1988年转任国家流行病学和人口健康中心副主任。

正是在他借调担任尼日利亚伊巴丹大学人口理事会区域主管和人口学教授时（1972—1973），考德威尔参与指导了“改变非洲家庭项目”，使用人口学和人类学方法确定那些导致非洲社会生育率下降的转变。随后的《生育和家庭生育计划调查手册》（主要由考德威尔和他的妻子帕特编写）在世界生育调查的发展过程中起到了关键作用。

随着1980年代后期艾滋病毒/艾滋病的大规模流行趋势变得逐渐清晰起来，考德威尔运用自己对非洲家庭系统的知识来理解他所定义的“性网络”，并与乌干达、加纳和尼日利亚的学者合作对艾滋病毒/艾滋病流行的社会背景进行研究。1994年，考德威尔成为国际人口科学研究联盟的主席。为了纪念他的贡献，“约翰·C.考德威尔人口、卫生与发展”讲席教授职位于1998年设立。他被联合国赞誉为“人口领域最有影响力和最多产的科学家之一……他将非洲艾滋病毒/艾滋病的流行置于人口学、流行病学和社会文化现象框架内的研究工作是无与伦比的”。

当代人口学的理论和模型

19世纪和20世纪见证了人口学关键概念的发展和巩固。重要的是统计分析及其各种概念，例如指数、速率、比例等。现代人口统计的数据量极其庞大，因此汇总函数和指数、加权、标化、比较等，都是人口统计分析的基本内容。形式人口学涉及的是用于处理缺少或没有人口数据情况的数学方法，以及处理不确定性、可信性的方法，还包括如今使用越来越多的拟合方法。特别是新理论、假设和推测未来人口趋势的方法，已成为现代人口学技术的关键组成部分。其中很多内容我们将在第七章，也就是关于人口学家“工具箱”的章节中进行讨论。

人口学这一学科最初始于人们对知识和科学的强烈探究欲望，这一17世纪精神特质所驱动的一系列思想的集合，如今已经发展为一门成熟的正式学科，由一个国际专业机构所支持，关注的是对人口动力学的科学理解及其与社会、经济和政治因素之间的相互作用。虽然在2012年，英国皇家学会通过其题为《人与地球》的全球报告再次回到对人口问题的研究之上，但是，英国皇家学会在最初几个世纪中对人口学研究的资助和支持如今已经被国际人口科学研究联盟取代了。

第五章

驱动因素

人口的规模、增速、密度、分布和年龄结构或组成，大致取决于三个驱动因素：生育（或出生数）、死亡（或死亡数）和人口迁移（或人口迁入和迁出数）。因此，大多数人口统计分析都聚焦于衡量这些驱动因素。

对死亡的主要衡量指标是粗死亡率，指的是某一时期的死亡人数与该时期的平均人口数之比；预期寿命，指的是在给定死亡条件下，某人预期能继续生存的平均年数。对某一人口群体生育的主要衡量指标是粗出生率，指的是每千人中的出生人数；总和生育率，指的是某一人口群体中出生且存活孩子人数和育龄妇女人数之比。人口迁移的不同之处在于，我们通常在封闭人口中研究死亡和生育，但人口迁移引入了开放人口的概念，即人们不仅通过出生或死亡进入和离开，而且还通过迁入和迁出我们所讨论的国家或空间而实现进入和离开。第七章将更加详细地讨论人口学家如何实际衡量这些驱动因素，以及他们所需要使用的数据。在此，我们将通过理解这些驱动因素探讨其背后所反映的一些思想。

死　亡

在大多数情况下，人口群体中死亡的减少首先发生在较为年轻的年龄段，即婴儿和儿童中，然后发展到成年人，最后是推迟高龄老年人的平均死亡年龄。一般而言，改善营养和卫生条件，解决传染病和最终解决慢性病，是为了减少人口死亡而要经历的过程。

正如我们所看到的，在欧洲，有人主张说18世纪和19世纪的贸易、分配和运输系统使得食物更容易获得，新的公共卫生方案使得食物可以更安全地储藏和处理，这些都有助于改善人们的营养质量。19世纪和20世纪围绕卫生设施开展的新公共卫生方案，使得干净的饮用水、改善的卫生状况和安全的污水处理成为可能。20世纪青霉素的引入和广泛的疫苗接种计划减少了感染和传染病的患病率和死亡，最后在20世纪后期，药物和老年医学在应对慢性病和老年人患病率方面取得了进步。

另一种说法是，在发达经济体内，由于外部原因（例如传染病）导致的外源性死亡，已经被归因于先天性缺陷或衰老过程（例如大多数癌症和心血管疾病）的内源性死亡所取代。我们可以通过考虑发达经济体内不同年龄组的死亡来探讨这一问题。新生婴儿由于内源性因素具有实质性死亡风险。在即时的产后期（或出生后），诸如感染和事故这样的外源性风险逐渐变成更加重要的因素，在生命的第一年和第十五年之间，这些因素是大多数死亡的原因。此后，内源性因素再次开始占据上风，因心脏病和癌症而死亡的人数缓慢增加。

然而，由于年轻人和中年人死于这些疾病的风险较低，从儿童时期开始的死亡被推迟到较晚的生命时期，那时衰老的身体特别容易受到这些疾病侵袭。

这有助于解释发达经济体中生命曲线的矩形化，死亡被持续地越来越往后推，那里的大多数死亡现在都发生在80岁以后（见图1）。目前，发达经济体的预期寿命为男性76岁，女性82岁。

20世纪和21世纪初在欠发达和最不发达国家人口死亡率的大幅下降，也是由于类似的因素。

然而，这些因素是在与历史上欧洲案例不同的背景下产生影响的，特别是传播和接受的速度更快了，部分解释缘于以下事实：虽然欧洲的进程是在过去几个世纪从诸多国家自身内部出现的，但是发展中国家在20世纪所采取的很多措施都是近几十年间从

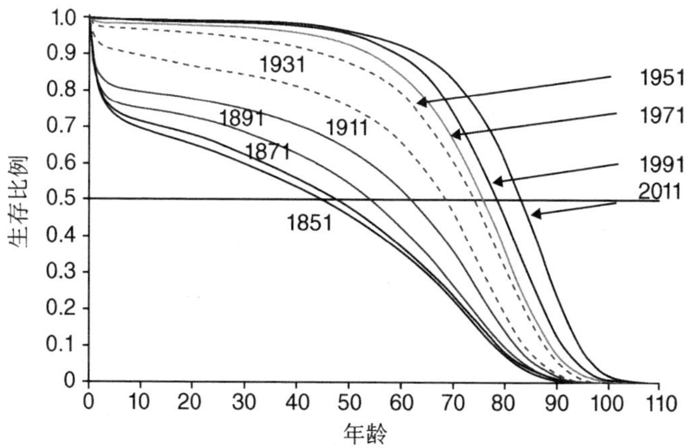

图1　矩形化的英格兰生命曲线。1850年，英格兰人的寿命很少有超过45岁；而现在有超过一半人的寿命能达到80岁

发达经济体引进的。此外，发展中国家还受益于一些协调良好的国际项目的出现：例如，1948年成立的世界卫生组织在促进全球疫苗接种计划方面的工作；国际饥荒救济计划，如联合国世界粮食计划署和联合国粮食及农业组织；以及致力于减少贫困、饥荒和患病率的非政府组织的出现，如水援助组织、乐施会、拯救儿童基金会、联合国教科文组织。

不论是历史上的欧洲，还是当今欠发达国家人口死亡率的降低，都是发生在宏观层面上的，它们与经济发展、工业化和城市化，生活水平和国内生产总值的提高，以及教育和健康保健的传播直接相关。例如，人口受教育水平的提高使得母亲和婴儿有了更好的未来，并在总体上带来较长的生育间隔和较少的生育，特别是在相对弱势的妇女群体——少女母亲和高龄母亲。这反过来也减少了孕产妇和婴儿的死亡。然而，最近有人主张说，经济增长本身对20世纪人口死亡率下降的贡献有限。关于此点主要的例子是美国，21世纪初期美国的人均收入最高，但是预期寿命却比很多其他发达经济体要低。

但是也有人认为，预期寿命存在缓慢的趋同。较发达和欠发达地区的死亡率均持续下降，将使得发达国家的预期寿命从目前的78岁延长到2050年的83岁，发展中国家的预期寿命从目前的68岁延长到2050年的75岁，从而将发达地区与欠发达地区之间预期寿命的差距减少了两年。

现在人们已经承认，人口的转变伴随着流行病学的转变，其特点是传染性疾病和急性疾病的减少，以及慢性和退行性疾病的增加。传染病造成的高死亡率通常与最不发达国家内的贫困、不良饮食和有限的基础设施有关。现在，除了这些因素之外，很多这样的国家也正在经历慢性和退行性疾病的增加。因此，我们可以说在整个生命过程中由疟疾和脊髓灰质炎等传染病导致的外源性因素造成的死亡风险，如今正与不断增加的因生活方式改变，特别是饮食和吸烟导致的内源性因素（例如逐渐恶化的癌症）造成的死亡风险一致起来。如今在很多发展中国家，传染病的负担与慢性病的负担一样重。国际流行病学研究的证据表明，与富裕和老年人口相关的健康问题对世界人口的影响广泛且正在扩大。在接下来的十至十五年中，世界各地的人们因心脏病、癌症和糖尿病等非传染性疾病而遭受的死亡和残疾，将比因寄生虫和传染病而造成的更多。

今天的人们对寿命延长的问题产生了兴趣。预期寿命和寿命延长经常被混淆，但它们其实是两个截然不同的概念。一般而言，预期寿命指的是在某个人口群体中个人可以预期的平均生存年限。从技术上说，预期寿命是在给定当前的死亡率条件下，某人预期能继续生存的平均年数。这一提醒很重要，它解释了为何当前英国女性的预期寿命是82岁，而英国国家统计局却在2014年宣布，英国第一批预期寿命为100岁的女婴已经出生。确实，在21世纪初，很多发达经济体中新出生婴儿的预期寿命可能约为103岁（见表2）。这是因为，在这些女婴的一生中，当前的死亡率将发生很大的变化，而她们将从中受益。

因此，她们一生的大部分时间都不会生活在当前的死亡率条

表2　八个国家中某个出生队列至少50%成员仍健在的最高年龄

	2000	2001	2002	2003	2004	2005	2006	2007
加拿大	102	102	103	103	103	104	104	104
丹麦	99	99	100	100	101	101	101	101
法国	102	102	103	103	103	104	104	104
德国	99	100	100	100	101	101	101	102
意大利	102	102	102	103	103	103	103	104
日本	104	105	105	105	106	106	106	107
英国	100	101	101	101	102	102	103	103
美国	101	102	102	103	103	103	104	104

数据以年为单位，基准数据从人类死亡数据库中获得，指的是各个国家的总人口

件下。预期寿命的提高在很大程度上是由于较小年龄段死亡率下降所致，因为更多的婴儿、儿童和年轻人存活下来，所以人口的平均预期寿命提高了。过去的一百五十年中，发达经济体的人口预期寿命一直在持续提高，每过十年提高两年半，或者说每过一天提高六个小时。

寿命延长是指推迟人类可以达到的最高寿命。人类的寿命只有足够长才可以生育并确保其后代的生存。这就是“必要寿命”。但是，在世界大多数国家中，我们大多数人的寿命都超出了这一必要寿命。在发达经济体中，最年长的人群现在死亡率下降最大，以至于预期寿命开始与寿命延长的概念联系起来。寿命延长的驱动因素似乎有四个方面：健康生活、疾病预防和治疗、延缓老化或预防衰老，以及再生医学。有人已经提出，健康的生活以及疾病的预防和治疗，可以将发达国家大多数人的寿命提高至百岁。

确实，英国的百岁老人很可能从目前的约1.2万人增加到21世纪中叶的50万人，到21世纪末将超过100万人。在英国，有800万人的寿命可能达到百岁，而在欧洲，这一数字将达到1.27亿。然而，我们可能需要延缓老化和再生医学才能实现这样的寿命延长（方框3）。

方框3　人类可以永远活下去吗？

有些人断言，科学的进步最终将使人类可以活一千年或更长时间。其他人则质疑人类生物学是否可以允许这样极端的寿命延长。虽然很少有人相信“人类的年龄有固定的极限”，但是同样很少有人认为我们是长生不死的。现实可能介于这两个极端之间。可能的是在未来，我们将能够替换掉我们的大部分身体成为一种生化人，如果全部替换掉则能永生。那么，根本的问题就变成了生物学、社会学和哲学上的问题——那样子还算是真正的人类吗？

生　育

就生育率而言，现在世界上有三分之一的国家或地区处在或低于人口更替水平——粗略定义是总和生育率要达到2.1。这些国家或地区多种多样，包括中国香港、波兰、德国、巴巴多斯、泰国、越南、毛里求斯、伊朗、智利、突尼斯、美国和缅甸（见表3）。

表3　总和生育率，2012年

中国香港	1.3
德国	1.4
越南	1.8
伊朗	1.9
美国	1.9
阿根廷	2.2
委内瑞拉	2.4
印度	2.5

续 表

巴基斯坦	3.3
津巴布韦	3.6
阿富汗	5.1
乍得	6.4
尼日尔	7.6

另有58个国家处于中低水平，即总和生育率为2.1—3.0，其中包括爱尔兰、新西兰、印度尼西亚、阿根廷、斯里兰卡、孟加拉国、墨西哥、委内瑞拉、博茨瓦纳、埃及、萨摩亚和印度。有18个国家处于3.0—4.1的中高水平，其中包括津巴布韦、玻利维亚和巴基斯坦。有48个国家保持在高水平，即4.1及以上，其中大多数被联合国列为最不发达国家，绝大多数但不全是分布在撒哈拉以南非洲。

生育减少的真正驱动因素长期以来一直存在争议，但是大致可分为三种立场。一种理论认为，生育减少是对婴儿死亡率下降的反应，换言之，儿童存活率的提高减少了为达到想要的存活儿童数而需要的出生数。尽管有证据表明，在美国和法国，生育减少确实是在死亡减少之前发生的，但还是有人认为，生育减少从未在死亡没有减少的情况下发生过。第二种立场是，现代家庭生育计划方法的引入使妇女能够选择生育数。虽然在很多传统的和历史的社会中都采用过某些避孕措施，但是现代避孕方法使家庭生育计划政策更为成功。第三种广为接受的假设是，生育的减少受到教育的驱动。那些妇女受教育水平较高的国家与那些低于人口更替生育水平的国家之间有着很强的相关性。同样，那些女性受教育水平较低的国家有着较高的生育率。特别是女孩接受的教育，不仅会鼓励她们晚婚晚育，使她们有机会进入劳动力市场，从而减少了生育数；而且至关重要的是，这改变了妇女及其所处社区的“观念”，使得她们能够认识到哪些是她们可以做出的替代选择。当代最伟大的人口学家之一杰克·考德威尔，确实将“观念变化”认定为导致生育减少的最大因素。近期人口学研究在微观决策层面上的发展，也已经在利用心理学理论帮助理解个体心理特征的作用，以及这些特征如何决定个体对生育和家庭规模的态度。

1950年，欧洲的总和生育率是每名育龄妇女生育2.5个孩子。到2010年，这一数字已经降至1.5。在西欧，除法国以外，所有国家现在都低于人口更替水平，而地中海南部国家为1.2和1.3。在亚洲，新加坡、韩国和中国香港现在已经降至1.2以下。确实有一些人口学家对极低的生育率可能由于人口惯性变得不可逆转表示了担忧。

关于低生育率的争论主要集中在三个方面：夫妇更替、年轻人和中年人更替，以及环境压力。人们通常认为，一对夫妇——男人和女人——希望有后代能替代自己是一种自然愿望，这被转化为“二孩准则”。虽然从基因上说，每个孩子都有一半基因来自母亲，一半基因来自父亲，意味着一个孩子是足够的；但是，即使在低死亡率社会中，生育两个孩子也可能是一种规避风险的行为，或者是为了达成每种性别一个孩子的目标，或者是出于一种为第一个孩子添一个弟弟或妹妹的社会意义上的渴望。这是从个体和夫妇层面而言的个人最优生育。社会层面的最优生育经常被放在国家人口更替或劳动力市场更替的背景下讨论，近年来则与地球承载能力相联系。国家层面上的人口更替生育与育龄妇女占总人口的百分比紧密相关。如果在某个人口群体中育龄妇女的比例较高，那么只需要较低的生育率就能达到人口更替的目的；如果育龄妇女的比例较低，则需要较高的生育率才能实现人口更替。

一些亚洲和欧洲国家可能处于所谓的"低生育陷阱"中。这是由两种人口因素共同造成的。其中之一是这样一种事实，即未来潜在的母亲越少，则出生数就越少；另一种是社会因素，即年轻世代所认为的理想家庭规模也在缩小，因为他们目睹了之前世代养育的孩子数更少。如今有人认为，一些国家生育率极低（低于1.5）的状况已经持续了超过一代的时间，已经适应了无子女或独生子女的家庭很难再次提高生育率。例如，雇佣模式有所改变，托儿和学校设施也在减少。中国的例子正是如此，在中国独生子女政策已经实施了三十年，因此有大量的独生子女现在正处在育龄。尽管现在已经允许生两个孩子，但是调查证据表明，很多人自己还是选择只生一个孩子，因为这正是他们自己的经历——他们是在一个独生子女的社会中长大的。

人口的快速增长和高生育率威胁着最贫穷发展中国家个人和社区的福祉。虽然家庭生育计划/性健康和生殖健康计划在帮助妇女达到她们所期望的家庭规模方面取得了全球性的重大进展，但是在世界某些地区，特别是撒哈拉以南非洲地区，生育率的下降正在减缓甚至停滞。在这一地区，总和生育率仍然很高，每名妇女要生育四到七个孩子。从普遍的宏观因素（详见第二章）来看可以明显发现，低教育程度、缺乏家庭生育计划和婴儿死亡都助长了该地区的高生育率，尽管它们并不是仅有的因素。

例如，有证据表明，婴儿和儿童的死亡率持续处于高位，是撒哈拉以南非洲地区生育率下降的重大障碍。该地区的儿童死亡水平最高，2012年的婴儿死亡率为每千个活产婴儿中有64例死亡，总共约有200万个婴儿死亡，占到同期全球所有婴儿死亡数的近一半。除此以外，那些妇女受到良好教育——至少60%至80%育龄妇女完成了初中教育——的国家，与那些低于人口更替生育水平的国家之间有着很强的关联。

同样，那些女性受教育率较低——只有不到40%育龄妇女完成了初中教育——的国家总和生育率较高。女孩的中等教育情况也极大地影响着生育率。世界银行的一项研究发现，女孩每多接受四年教育，就会大约少生育一孩。其他研究也表明，受过中等教育的妇女比例增加一倍，平均生育率会从每名妇女5.3个孩子减少到3.9个孩子。

未满足的家庭生育计划需求可定义为15—49岁有性伙伴，想要推迟或避免生育但未使用任何避孕措施的妇女的比例。目前，全球有超过1.4亿名妇女处于这一境地。如图2所示，不同地区之间未满足的家庭生育计划需求水平差异较大，大洋洲和撒哈拉以南非洲地区最高。然而，定义未满足的家庭生育计划需求水平并

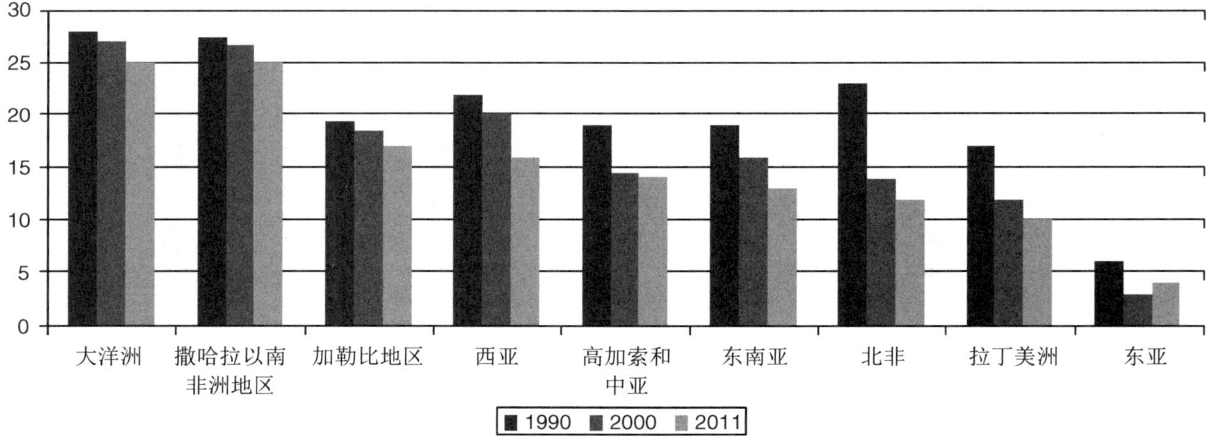

图2　1990年、2000年和2011年15—49岁女性有未满足的家庭生育计划需求的百分比

非易事，因为在某些国家，妇女出于文化或社会原因可能会想要有大家庭，因而虽然总和生育率较高但是避孕措施使用率较低。尼日尔就是例子之一，总和生育率为7.6，但是报告的理想家庭规模超过9人。

在世界这一地区从事生育研究的人口学家都清楚地知道，生育率下降的驱动因素很复杂，研究主要关注于家庭和社会影响、文化和宗教因素、工作以及其他活动等诸多方面。

人口迁移

通过迁移者的数量、相对年轻的年龄结构及其较高的生育能力等因素之间的相互作用，人口迁移会对人口增长和人口结构产生潜在、强大而持久的影响。通常，研究人员将推力因素和拉力因素区分开来，认为人口迁移是由起源地和目的地的因素引起的。推拉假设认为，在每一端都有促进的因素和阻碍迁移的因素，并且这些因素之间的平衡决定了最终人口流动的规模和强度。半个多世纪以来，主要的全球性人口流动是劳工输入形式的人力资本移民，从贫穷“年轻的”发展中国家（亚洲、非洲和拉丁美洲）迁入富有“年老的”发达国家（主要是美国以及欧洲那些前殖民国家，例如英国、法国，还有西班牙、葡萄牙这样的伊比利亚国家），换取经济资本的反向流动，有的是从国家政府获得，有的是以个人汇款形式。

关于国际人口迁移的最初理论，大约是在两百五十年前发展起来的。瑞典学者克里格于1764年提出假设，低工资和食物配给不足是迫使家庭离开瑞典的推力因素。类似的观点在19世纪被引入法国和英国，提出推拉因素必须伴以所涉及地区或国家之间的网络和交通，而且一个方向上的大量流动将导致另一个方向上的反向流动。这里的关键是拉文斯坦关于人口迁移法则的研究成果，今天研究人口迁移的研究者们仍在以某种形式使用它（方框4）。

方框4　拉文斯坦的人口迁移法则

这些法则由E. G. 拉文斯坦（1885）制定，表述如下：

1. 大多数迁移者只作短距离迁移。

2. 迁移是分阶段发生的，由此迁出者空出的地方会被来自较偏远地区的迁入者占据。

3. 每次迁移都会产生一个相反方向的人口流动。

4. 长期的迁移者通常是迁至城市地区。

5. 农村居民比城市居民更容易迁移。

6. 女性更多是短距离迁移，男性更多是长距离迁移。

7. 大多数迁移者是成年人。

8. 大城镇的迁移人口增长要多于自然增长。

9. 迁移随着经济发展和运输条件改善而增加。

10. 迁移的主要原因是经济原因。

经济学、地理学和政治学的理论立场，在20世纪被引入关于人口迁移的研究，强调了促进和阻碍人口迁移的因素所起的作用，例如，空间和文化距离、迁移成本和政府政策。从社会学角度探讨了人口迁移系统中权力与声望的关系，解释了一些发展中国家—发达国家—发展中国家的迁移行为，这种迁移行为指的是发展中国家的低阶层贫穷个体流向发达国家，在那里积攒财富，使得他们能在搬回原来国家时跻身较高的阶层。关于反馈和回流的类似理论也应运而生，提出了迁移到新地区的一小部分移民会通过个人网络，或建立提供协助行为的专业团体和机构，从而引发大量后续人口流动。人口学家提出了将移民同化进接收国的观点，并形式化了抚养负担和人口潜力的概念，以解释从“年轻的”发展中国家到“年老的”发达国家的人口迁移现象。

如今，人们认识到推力因素可能是结构性的（在宏观层面上）或个体性的（在微观层面上）。在宏观层面上，人口的快速增长和对资源的竞争可能导致人口外流。同样，战争、饥荒、环境危机、受迫害和贫穷被指出是个体动机。拉力因素通常与推力因素松散相关，并且较难区分。例如，发展中国家的贫穷的推力因素是由发达国家的获得财富机会的拉力因素所体现的；农村地区缺少工作机会可能会推动移民流向城市地区，而在那里他们则是被就业机会所拉动的。

洲际人口迁移一直以来都对发达经济体和欠发达经济体的人口结构产生着影响。从哥伦布时代和15世纪欧洲发现新大陆以来，大多数国际人口迁移都起源于欧洲，流向美洲以及亚洲和非洲的南部地区。第二次世界大战之后，来自发展中国家的人口迁移开始增多，这些地区内部的人口迁移也有所增加（见表4）。预计发达国家对迁入劳动力的拉动需求可能会被发展中国家改

表4　世界不同区域和选定国家的人口净迁移数，净迁移数按性别与合计表示（千人）

主要地区、区域、国家	1950—1955	1955—1960	1960—1965	1965—1970	1970—1975	1975—1980	1980—1985	1985—1990	1990—1995	1995—2000	2000—2005	2005—2010
较发达区域	893	−607	2 287	3 728	6 535	6 532	6 841	7 907	11 558	13 923	17 142	17 412
欠发达区域	−893	607	−2 287	−3 728	−6 535	−6 532	−6 841	−7 907	−11 558	−13 923	−17 142	−17 412
最不发达国家	−502	−544	−851	−835	−4 775	−4 392	−6 400	−3 981	2 738	−3 467	−4 640	−7 457
除最不发达国家以外的欠发达区域	−391	1 151	−1 436	−2 892	−1 760	−2 140	−441	−3 926	−14 296	−10 456	−12 502	−9 955
除中国以外的欠发达区域	−875	471	−1 739	−4 043	−5 456	−6 667	−6 637	−7 668	−10 732	−13 758	−14 965	−15 601
撒哈拉以南非洲地区	−190	−132	−237	−81	−854	−1 167	−1 162	−1 412	−450	−1 137	−429	−184
亚洲	−242	1 399	173	−57	−1 789	−1 404	−308	−2 632	−7 155	−6 189	−8 074	−9 729

续　表

主要地区、区域、国家	1950—1955	1955—1960	1960—1965	1965—1970	1970—1975	1975—1980	1980—1985	1985—1990	1990—1995	1995—2000	2000—2005	2005—2010
东亚	−530	108	−620	805	−1 072	15	325	−432	−1 096	−715	−1 667	−1 042
中国	−166	−8	−1 059	−13	−1 113	−428	−258	−236	−824	−607	−2 298	−1 884
南亚	−530	108	−620	805	−1 072	15	325	−432	−1 096	−715	−1 667	−1 042
印度	−107	−4	−86	−246	2 119	1 131	483	45	−127	−443	−1 923	−2 978
欧洲	−1 273	−2 995	521	−106	2 125	2 018	2 164	3 088	5 487	4 112	9 373	9 288
东欧	60	−1 951	−1 137	−360	−177	488	918	135	1 222	1 092	1 036	2 581

善生活的推动需求所取代。结果，发达国家的政府很可能会采取限制措施以减少目前的这种国家间流动。然而，其他人认为，主要的流动将越来越多地从发展中国家到发展中国家，而发达国家将开始失去亚洲、非洲和拉丁美洲的工人所提供的技能和劳动。在过去的十年中，一个重要的变化是女性移民的增加，特别是来自亚洲的女性移民的增加，这是健康和社会护理移民劳工团体向发达国家迁移的一部分。

在过去的半个世纪中，来往于撒哈拉以南非洲地区的人口流动已经显现出变化。在1960年之前，主要的流动是欧洲人和亚洲人进入该地区。这种情况在1960年后的非殖民地运动中得到扭转，那里的独立鼓励了撒哈拉以南非洲的人口流出，主要是流向欧洲，例如1970年代被驱逐出境并移居葡萄牙的来自撒哈拉以南非洲殖民地的近80万葡萄牙裔居民，又如1972年来自乌干达的英裔亚洲人，以及1980年代迁入以色列的埃塞俄比亚裔犹太人。长期以来，中东对外国劳工一直很有吸引力。但是，移民的来源已经从1970年代主要是印度、伊朗和巴基斯坦，变为也包括东亚和东南亚在内，尤其是菲律宾和印度尼西亚。

另外，尽管迁往其他亚洲和欧洲国家的人数已有所增加，但是来自南亚的移民仍延续着他们与英国的主要联系。在过去的几十年中，从中南半岛、韩国和菲律宾移民美国的数量一直保持稳定。原因之一是由于地区冲突的发生，在朝鲜、柬埔寨和越南发生冲突期间及以后，上述地区有近150万人移居到北美洲和欧洲；其二是通过劳动力移民。与非洲一样，直到1950年代，南美洲都是欧洲移民的一个主要接收者，但这种情况在20世纪后期有所逆转，当时该地区的人口开始向前欧洲殖民大国和美国流动。返乡移民的一个有趣例子是日裔巴西人和日裔秘鲁人向日本的迁移。这是日本政府在1980年代做出决定允许日裔血统海外人士在日本定居的结果。

泽林斯基在1970年代对农村地区内部以及从农村到城市的人口迁移现象进行了理论分析，他认为在时间上存在连续的迁移阶段，首先是从农村到农村，然后是从农村到城市，再后是从城市到城市。虽然这被认为过于简单以至于无法解释国家间的人口迁移，但这一描述在很多国家内部往往是适用的。乡城迁移在当代特别受到关注，因为这是城市获得发展的关键因素。其中的推力和拉力因素都已得到确认。农村地区的人口压力减少了人们获得食物和住房等自然资源的机会，或者是新技术的引入减少了农业工作机会，这都会为迁移提供推力。拉力则来自城市中更易获得的教育和医疗设施、更高的收入以及更多的就业机会。无论是出于什么原因，在过去的几个世纪中，农村人口向城市的迁移无疑为城市中心的快速发展做出了贡献。例如，据估计，在过去的五十年中，中国近5亿城镇人口增长中的三分之二是由于乡城迁移。在世界其他地区，从农村到农村的人口迁移较多。在南非，很多使用农村人口监测站点数据的研究，记录了农村人口向其他村庄、半城市化城镇和大都市周边农村地区迁移增加的趋势，有证据表明，超过40%的人在一生中的某个时候曾从一个地区迁移到另一个地区（方框5）。

方框5　为什么女性比男性活得长?

在所有社会中，一旦妇女过了生育年龄，她们的寿命往往会比男性长得多，而且女性的身体似乎就被创造得比男性更容易长寿。例如，就基因组成而言，女性有两个X染色体，即XX，而男性只有一个X染色体，即XY。因此，如果女性在一个X染色体上有缺陷，还有第二个X染色体可以弥补，但是男性却没有这种优势。关于我们的激素系统也有一些有趣的证据。雌性激素可以预防多种影响人体的疾病，但雄性激素，即睾丸激素不仅不能预防，甚至会增加患病率和死亡。似乎女性的免疫系统比男性的免疫系统更强，而且男性的免疫系统似乎不能像女性的免疫系统那样有效地抵御细菌或病毒感染。

第六章

人口转变——人口学的核心内容

“人口转变”被视为人口学的核心内容之一。它是指死亡率和生育率持续下降，由此各国从高死亡率和高出生率转变为低死亡率和低出生率。正如我们在第二章中所看到的，在18世纪之前人口不断增长、停滞、下降，然后又重回增长。人口的生育率和死亡率会对包括战争、饥荒、丰裕和流离失所在内的环境和社会变化做出反应。然而，情况在18世纪发生了新的转变，这一转变导致人口迅速增加（与新石器时代的农业转变一样），但随后也造成人口生育率的稳定下降，带来人口减少和老龄化。这一转变在欧洲从1750年后的某时开始，在亚洲和拉丁美洲从20世纪开始，现在有迹象表明，非洲将在21世纪经历这一转变，到那时，这似乎将成为人类历史中“增长—衰退—增长”周期的根本性突破。

欧洲的人口转变为什么会在某时某地以某种方式发生，关于这一类问题的争论很多，同样激烈的争论也发生在对发展中国家人口转变此类问题的研究中。然而，随着人类经济发展，死亡率降低，人口增加，生育率下降，人口增长会趋于平稳，甚至出现下降。人口转变理论（或系列理论）大致可以分为三个部分。第一部分描述了人口死亡率和生育率随时间的变化。这一部分通常基于清晰的数据且不存在争议。第二个部分争议最多，因为这一部分理论试图构建可以解释上述变化的时间、速度和动因的因果模型。第三部分是最不确定的，因为人口学家试图借此预测未来的变化，特别是发展中国家的人口变化。

人们认识到，经典的人口转变包括四个主要阶段（见图3）。在第一阶段，人口因疾病、饥荒、营养不良，以及缺乏清洁饮用水和卫生设施而死亡率很高；人们没有动力，甚至没有想法减少生育，这些人口群体的出生率和死亡率都很高，人口规模相对较小但经常波动，例如1780年以前的英格兰和今天的埃塞俄比亚。在第二阶段，公共健康、卫生设施、清洁饮用水和食物供给得到改善，死亡率下降，特别是婴儿和儿童的死亡率下降。然而，生育率仍然很高，导致人口规模迅速扩大，例如19世纪的英格兰和今天

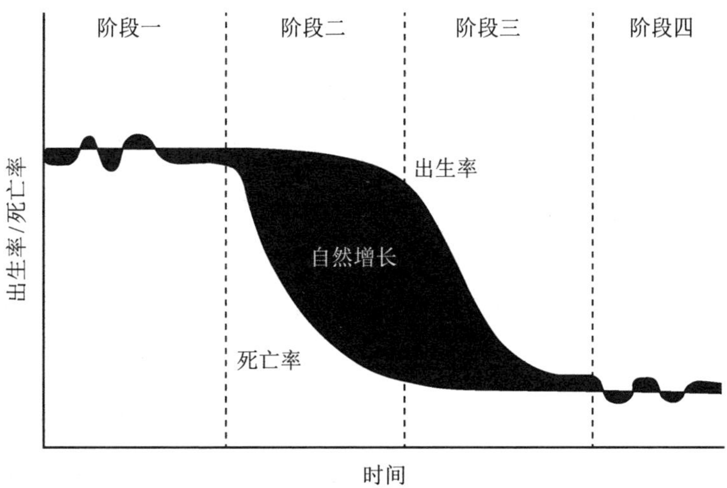

图3　人口转变

的苏丹。在第三阶段，总和生育率迅速下降，同时死亡率也很低。人口规模仍在不断扩大，但增速在放缓，例如20世纪初期的英国和乌拉圭。在第四阶段，人口的死亡率和生育率都较低，人口相对稳定，呈现老龄化，例如今天的英国和加拿大。在人口转变的后期，人口惯性可能会发生作用，使得远低于人口更替的生育水平经过数个出生队列得以完全确立。如果没有迁入人口的维持，这将导致人口数量的下降。虽然很多人将其视为人口转变的终结阶段，但也有一些人认为这代表了第二次人口转变。

有人主张，这种转变给人类社会带来了广泛而深刻的变化。死亡率的下降使得人们活到成年和较长寿命的可能性更大，确保了一定的稳定性，人们能够为未来做计划，可以储蓄并投资于经济和人力资本。人口增速的提高导致人口迁移、人口密度增加或城市化，其本身也会引致更加复杂的劳动分工和行政管理系统。

家庭角色和人际关系也会发生变化，并且随着生育率的下降，女性能够过上与男性更为相似的生活。从人口学上看，人口群体从包含大量和占比很高的低龄受抚养者，转变为包含大量和占比很高的老龄受抚养者。因此，抚养比和供养比发生了变化，抚养比是衡量劳动年龄人口与老龄和低龄受抚养年龄人口之比的指标，而供养比则是衡量劳动年龄人口与老龄受抚养人口之比的指标。

例如，在典型的转变前社会，人们出生时的预期寿命在40岁以下，妇女成年后的大部分时间都是在生育子女，平均预期会有四到七个孩子，其中很多在婴儿期和分娩时就死亡了。结果，父母有较大可能性比子女活得长。在这些社会中，大约有40%的人口年龄在15岁以下。这些社会通常人口密度较低，即大部分是农村地区，农业是主要的生产活动。大多数人口迁移是从农村到农村，性别、地位和权力关系典型地由先天决定，而社会流动基本可以忽略不计。在转变后社会中，大多数死亡发生在65岁以后，女性的出生时预期寿命超过75岁，甚至80岁，而父母比子女活得长的可能性可以忽略不计。妇女平均生两个或更少的孩子，其中大多数能够活到成年，妇女从而能够腾出时间从事其他活动，在更广泛的经济和政治组织中发挥更大的作用。多达三分之一的人口超过60岁，超过80岁的人口比例也在增加，15岁以下的人口比例通常下降到不足20%。现在，多达四分之三的人口生活在高密度的城市地区，并且农村和城市生活方式正在融合。所有人在教育上都花费更多时间，人们现在从事的职业较为多样化，主要是在工业和服务业。大多数人口迁移是从农村到城市或从城市到城市。社会流动性增加，性别和权力关系更加灵活多变。

对人口转变的理论化和再理论化

汤普森（1929）和卡尔·桑德斯（1936）在关于人口转变的早期著作中，已经将人口转变确定为一系列不同阶段。然而，诺特斯坦写于1945年的著作，使他被公认为是第一个试图简洁地解释人口转变的理论家。他认为，城市工业生活剥夺了家庭的很多功能。在工业化条件下，对熟练劳动力的需求不断增长，因此教育需求增加了养育孩子的成本，并减少了孩子通过有偿劳动可以获得的潜在经济贡献。死亡率的下降正在增加存活孩子的数量，而这必须得到某种形式的支撑。作为回应，新出生婴儿的数量开始下降。金斯利·戴维斯在1963年的著作中发展并提出了最后一点，他认为，死亡率下降不仅增加了存活儿童的数量，而且增加了寿命更长的成年人的数量。这给家庭和社区都造成了压力。他认为，家庭有三种选择：向外迁移、延迟结婚和加强节育。1970年代，在科尔领导下的普林斯顿欧洲生育项目开发出了普林斯顿指数，并得出结论认为，欧洲生育率的下降更多是由于那些关于公认的家庭规模和生育行为的文化传播，而不是经济发展。这与后来考德威尔的理论相吻合，后者强调思想观念的传播是发展中国家生育率下降的关键影响因素。

然而，关于欧洲和发展中国家的人口转变理论一直受到质疑。在对欧洲的适用性方面，有人争辩说，这一理论无法解释为什么不同国家在转变时间和进程上都各不相同。此外，人口死亡率下降的时间和速度与生育率下降的时间和速度之间的关系是如此易变，以至于理论自身似乎都无法解释所有已发生的重大事件。人口生育发展中的社会经济模式也未能被解释说明；然而，考虑到显著的贫富差异，不太可能用一种理论解释两种情况。最后，一旦人口生育率下降，它就会上下波动，而不是像经典模型表明的那样保持稳定。

18世纪下半叶见证了欧洲人口的巨大转变——人口死亡率显示出下降的迹象，预期寿命开始增加。虽然仍存在诸如流行病和饥荒之类的危机，但是死亡率总体上一直在稳定下降，结果是，预期寿命在19世纪和20世纪稳定增加。例如，从1750年至1850年，英格兰、法国和瑞典的预期寿命每年的增幅不到一个月，从1850年往后每年的增幅提高到两个月，到20世纪每年的增幅则提高到四到五个月。首要原因是生活水平和公共卫生的改善，其次是得益于疫苗接种和药物治疗，先是婴儿和儿童阶段的死亡率下降，然后是直至老年的整个生命过程中的死亡率下降。例如，一项对意大利和英格兰/威尔士在1850年至1950年一百年间死亡原因的比较研究表明，这一时期平均预期寿命增加的三分之二是由于传染性、呼吸性和肠道性疾病得到控制。平均预期寿命增加的三分之二发生在15岁以下的人群中，只有大约15%来自40岁以上人群死亡的减少。

因此，在人口死亡率转变的早期阶段，经济条件改善似乎是主要的驱动力，但随着人口死亡率下降的进展，医学进步以及生活方式和行为的改变则变得越来越重要。在转变的后期，经济发展与死亡率下降之间的联系似乎脱钩了，例如，将21世纪的意大利与美国作比较，意大利的国内生产总值仅为美国的一半，但出生时预期寿命却更长，达到80岁，而美国为77岁。这既可以通过参考美国巨大的社会不平等问题进行解释，也可以通过参考经济高度发展可能导致不健康生活方式（低水平的运动，增加对不健康食品和酒精的消费，促使肥胖症和慢性病产生）的事实来说明。

在人口生育率转变方面，欧洲的生育率是逐步下降的。在瑞典、英格兰/威尔士这两个可以根据统计数据推算总和生育率的国家，1750年时总和生育率分别为4和5，到1875年时均达到3，到1900年时已降至人口更替水平以下。其中，宏观和微观因素相互影响、过程复杂，无法与一个明确的驱动因素关联。在整个欧洲大陆，它也呈现很大的差异。显然，社会和经济发展也是一个重要影响因素，但是即使如此，这种影响关系也不是简单明了的。例如，乡村法国生育率的下降就比经济上更发达的工业化邻国英国来得更早且更快。人口学家认为，这背后的原因部分与初婚年龄不同有关，初婚年龄在东欧较早，在北欧和西欧较晚；而且节育方法正是从18世纪末的法国开始，在接下来的一个世纪中传播到整个欧洲的其他地区。欧洲东部的高生育水平和西部的低生育水平反映了这一点，特别是在法国。实际上，文化、宗教、种族和政治立场也是重要的影响因素。正如比利时人口学家莱斯塔格所指出的那样，讲法语的比利时乡村地区的出生率下降就早于讲荷兰语的比利时城市中心地区。

虽然发展中国家的人口转变与欧洲国家的经历类似，但也存在显著差异。主要影响因素是发展中国家人口转变的快速性。欧洲的人口转变从较低的生育率和死亡率开始，稳定且缓慢。死亡率的下降和生育率的下降之间通常只有短暂的滞后，使得人口以每年低于1%的速度稳定增长。欠发达国家的人口转变从较高的死亡和生育水平开始。它们下降得更快，但死亡率下降和生育率下降之间的间隔时间更长，因而近年来人口快速增长，每年增速达到2%以上。

在欧洲和其他发达经济体中，变革的步伐取决于卫生和公共健康方面的新观念和创新，然后取决于医学，也就是医学的产生并在社会中传播；而在欠发达国家中，这些创新则是从富裕国家转移而来，并以极快的速度传播。结果，人口的死亡率在20世纪下半叶显著下降，而预期寿命在短短五十年中增加了三分之一以上。虽然减少疾病和死亡的欲望是普遍的，但是减少生育并降低生育率的愿望却更加细微而复杂。结果，虽然死亡率已经下降了，但是已经确立的人口动量加之社会和文化习俗却阻碍了生育率以同等速率下降，由此导致人口急剧增加。有人认为，马尔萨斯人口论者抑制了欧洲的婚姻，降低了出生率（因为已婚人口少，或者根本不结婚），但这一现象在发展中国家并未出现。

但是，亚洲和拉丁美洲的欠发达国家总体上的生育率正在降低，但与最不发达国家（其中大多数位于撒哈拉以南非洲地区）仍存在显著差异，后者的死亡率下降较慢，而生育率仍然保持在高位。

人们就人口转变理论在发展中国家的适用性甚至提出了更多质疑。虽然很多新兴经济体的生育率和死亡率都在下降，但是也有一些发展中国家的例子显示，其人口生育水平仍然保持在高位。确实另有观点认为，不同国家在规模、历史、文化、地理和宗教等方面的高度差异，正使得欧洲曾经历过的经典人口转变过程变得复杂起来。

然而，很多人还是认为，人口转变仍然是现代人口学的核心理论，如果不将人口转变放在核心研究就无法理解当代人口学的发展。确实，经济学家和人口学家在此处的观点有所不同。经济学家通常认为人口转变是经济增长的结果，人口学家则认为这是一个更复杂的过程，受社会文化以及经济因素的驱动。确实有人甚至提出，人口转变对经济的影响要大于经济因素对人口转变的影响，并且这种人口转变在发展过程中起着与经济增长同样重要的作用。

一些人口学家现在认为，低生育率国家正处于第二次人口转变之中，这使得人口生育率远低于人口更替水平。这可能是由于技术的进步和劳动力市场的变化，从而改变了婚姻和抚养孩子的成本和回报。其他人则认为，可能是随着人们日益富足而在思想观念上的变化，使得人们更加专注于自我治理和自我实现。特别是通过引入现代避孕措施，性冲动和生殖之间的进化联系已被明显打破，现如今，生育只不过是一个以个体偏好和受文化决定的规范作为变量的函数。

第七章

人口学家的工具箱

本章着眼于人口学研究实践中的工具、模型、方法、假设和不确定性。特别是人口学家们需要明白，他们确实处在发现所欲知晓之物的过程中，他们拥有强有力的方法和数据来源，并且可以准确地回答他们的问题。

直到20世纪，人们才开始对除死亡之外的生育、人口迁移和年龄结构表现出浓厚的兴趣。稳定人口的数学理论由阿尔弗雷德·洛特卡在1907年提出，显示了如果年龄别死亡率和生育率保持不变，人口将如何发展出可预测的固定年龄结构。由德国人口学家在19世纪末发展出的总和生育率在1930年代开始普及，在第二次世界大战之后才开展了队列生育分析。来自美国的科尔和英国的布拉斯在1970年代构建了人口生育模型。1980年代和1990年代，数学模型的使用日益复杂，这是应对较以往增加很多的可获得人口数据所必需的。例如，1992年的李-卡特人口死亡率预测模型引入了处理随机变异性的能力。现代计算方法的出现，改变了人口统计分析的能力。作为一种统计分析技术，多变量分析可以评估几个变量之间的关系，以便衡量几个自变量与一个因变量之间的关联，如今这种分析方法已经得到使用。多状态人口学是由传统的生命表发展而来的，研究的是各种不同状态之间的人口流动。例如，与出生和死亡仅仅作为损失和收益的过程不同，结婚使得人们进入一种状态，而离婚是从已婚人群中退出。在新千年，概率论、竞争风险和风险函数，都已成为人口学家工具箱的一部分。

衡量主要驱动因素：数据

有一种说法是，人口宽度来自人口普查，而人口深度来自调查。人口统计数据有四个主要来源：人口普查、登记记录、调查和民族志学材料。最近，生物标志物已经被添加到人口学家的工具箱中。

现代人口普查被定义为在特定时间和区域内收集、汇编和发布与所有人都有关的人口、经济和社会数据的过程。最初人们出于税收或军事目的开始进行常规普查，直到18世纪末和19世纪初才开始进行定期普查，在美国始于1790年，在英国和法国则始于1801年。今天我们对世界超过三分之二的人口开展常规人口普查。

生命记录的登记系统，长期以来一直是人口学家必不可少的基本数据来源。生命统计是与生命事件有关的数据，被定义为个体状态变化带来的人口构成变化。其中包括真实生命事件，例如出生和死亡，以及次要生命事件，例如结婚、离婚和迁移。生命登记是通过出生和死亡证明对此类事件做出的正式记录，长期以来为人口统计分析建模提供基本信息。教区的出生、婚姻和死亡记录始于16世纪初期的英格兰，17世纪在斯堪的纳维亚半岛开始有了强制性的户口登记。直到19世纪，欧洲和北美洲其他地区才有了类似的综合记录。

调查对人口分析做出了重要贡献。调查能够描述当前的人口特征，纵向调查可以让我们对人口变化的进展有所了解，除此以外，调查还具有发现人口变量与事件之间关联的能力。早在19世纪，布思和朗特里就在英格兰进行了人口统计调查。进入20世纪，诸如英国的全国健康与发展调查和美国的全美家庭成长调查之类的调查蓬勃发展。到20世纪后期，又增加了固定样本跟踪调查，这类调查会随着时间的推移再次对同一人口群体进行访谈，例如美国的全国生育调查；以及纵向抽样调查，这类调查访谈不同的但在全国具有代表性的人口群体样本，例如英国的一般家庭调查、美国的当前人口调查。评估有关家庭生育计划方面的知识、态度和实践的KAP调查，是由1950年代成立的美国人口委员会支持的一组重要的国际调查。由于他们规定的假设是单凭家庭生育计划措施就可以作为降低发展中国家生育率的简单有效方法，这一调查的可信度后来受到了一些质疑。

主要的全国性和国际性调查，例如人口统计和健康调查、世界生育调查、健康和退休调查，如今对于理解生育、死亡和较小程度的人口迁移至关重要。这对于发展中国家来说尤为重要，因为发展中国家通常存在人口普查和生命登记系统缺失或不完整的情况。然而，调查的稳健性、有效性和代表性可能会有所不同，并且通常仅表明一个国家在全国或地区层面上的人口行为和特征。直到近年来，人口学家才开始通过民族志学研究、参与者观察法和访谈法来认识微观层面上丰富的人口学信息。这些方法通常会有助于我们了解关于家庭和户的信息。

人口迁移定量分析是一项复杂的任务，需要对不同的数据源进行综合。人口迁移分析使用两种不同的数据来源：给定地点的迁移者存量统计数据，以及给定时间段内的迁入和迁出人口流动统计数据。这方面有不少困难：数据源之间缺乏可比性，限制了对人口流动的清晰估计；很多国家没有记录与邻国之间的简单越境人口流动（例如欧盟的情况），或者没有将这些流动排除在本国分析之外。对一个国家内的迁移者进行估计需要纵向数据，而关于移民的人口流动统计数据则依赖于精细复杂的数据收集系统。这样的数据被认为存在政治敏感性；在发达国家，数据的量级经常被忽略；在发展中国家，甚至可能都没有被收集到。此外，很多这样的系统是为了行政管理目的而不是人口统计目的建立的，因此会收集到不适合人口统计分析的数据。

法国为我们提供了关于这些不一致之处的例子。法国国际移民局收集移民统计数据，既包括近期的新移民，也包括已经在法国居住了一段时间的移民，但二者被置于同一标题下统计。在美国也存在类似的不规则问题，将抵达美国后即获得永久居留权的移民与在美国居住数年后才获得永久居留权的移民一起记录。加拿大和美国均未发布移民统计数据。比利时和德国将迁入移民和迁出移民都统一记录为获得或取消永久居留权的人口。北欧国家对来往于北欧伙伴国家之间的移民，与来自斯堪的纳维亚半岛以外国家的移民采用不同的定义。还有一种情况会增加上述这类复杂性，这就是国家会共同决定将其他国家或地区集合为不可比较的次级区域。例如，东南亚国家可能会被单独列出，或被作为“东南亚”甚至“亚洲其他”一并列出，以区别于中国和南亚。美洲国家可能会被列为北美洲、南美洲和中美洲，或者是它们的组合。

人口学家面临的一个主要挑战是缺乏可靠、稳健的数据，因此有一系列方法被用于“估计”间接来源的人口统计数据。例如，根据存活儿童数与出生数的比较来估计婴儿和儿童的死亡率，或者根据寡妇和孤儿数据来估计成人死亡率。其他技术会将一组数据与另一组数据相关联以计算第三组数据，例如根据分娩率估计生育率。正式的模型也被开发出来，用于从部分估计整体数据，包括布拉斯对数生命表系统和寇尔-特鲁塞尔人口生育模型。

衡量主要驱动因素：方法和模型

死亡是指在某个人口群体中死亡发生的过程。众所周知，对死亡的统计研究被视为人口学的起源，而对死亡率的研究至今仍然是该学科的主要焦点之一。粗死亡率是某一时期的死亡人数除以这一时期生存的平均人口数。如果我们以某段时期为例——比如第三个千年的第一个十年——那么我们可以说一个人每活一整年，他或她就为这一时期总的生存人年数贡献一个人年。因此，我们可以按照年来计算人年数，也可以按照每年的天数、小时数，甚至分钟数、秒数来计算人年数。粗死亡率清楚地反映了人口的年龄结构，随着人口中老年人的比例不断升高，粗死亡率也可能随之提高。

预期寿命是在一定的死亡率条件下，某人预期能继续生存的平均年数。平均预期寿命是基于各个年龄段的死亡率条件。出生时预期寿命的变动范围可以低到历史上条件恶劣时的20岁，也可以高到现代先进国家的80岁左右。

预期寿命的增长是根据考虑范围内人口的平均数计算的，不应与人类寿命的增加相混淆，后者是指每个人的最高寿命。

生命表（方框6）是对给定各年龄的死亡概率和其他各种统计数据（见表5）下的人口死亡的详细描述。完全生命表由人们每个年龄下的各种函数值构成，而简略生命表则使用年龄组。

方框6　生命表的历史

生命表在本书中很多章节都有介绍。这反映了它在历史上和今天对人口学的重要性。直到19世纪末，形式人口学的主要研究重点都是生命表，该表分析并提供了人口死亡数据。格朗特对1662年伦敦《死亡清单》的分析，埃德蒙·哈雷的生命表基于1693年布雷斯劳市的实际死亡数据，米尔恩在1815年正式确定了生命表的计算和展现方式，以及威廉·法尔从1841年开始每十年制作一次的系列生命表，这些都为今天的现代生命表做出了贡献。联合国在1950年代开始制作来源于部分信息并使用数学公式建立的模型生命表，普林斯顿集团在1960年代开始制作生命表。1966年，科尔和德梅尼出版的生命表是最著名的模型生命表之一。

表5　生命表

年龄	男性			女性		
x	lx	qx	ex	lx	qx	ex
0	100 000	0.005 976	75.958	100 000	0.004 835	80.585
1	99 402	0.000 448	75.412	99 516	0.000 309	79.974
2	99 358	0.000 252	74.445	99 486	0.000 214	78.999
3	99 333	0.000 173	73.464	99 464	0.000 161	78.016
4	99 316	0.000 145	72.476	99 448	0.000 132	77.028
5	99 301	0.000 132	71.487	99 435	0.000 117	76.038
6	99 288	0.000 122	70.496	99 424	0.000 108	75.047
7	99 276	0.000 116	69.505	99 413	0.000 103	74.055
8	99 264	0.000 113	68.513	99 403	9.92E−05	73.063
9	99 253	0.000 114	67.521	99 393	9.81E−05	72.070
10	99 242	0.000 118	66.528	99 383	9.84E−05	71.077
11	99 230	0.000 128	65.536	99 373	9.96E−05	70.084
12	99 217	0.000 145	64.544	99 363	0.000 102	69.091
13	99 203	0.000 17	63.554	99 353	0.000 108	68.098
14	99 186	0.000 21	62.564	99 343	0.000 126	67.105
15	99 165	0.000 274	61.577	99 330	0.000 16	66.114
16	99 138	0.000 375	60.594	99 314	0.000 215	65.124
17	99 101	0.000 524	59.617	99 293	0.000 266	64.138
18	99 049	0.000 665	58.648	99 266	0.000 281	63.155
19	98 983	0.000 76	57.686	99 239	0.000 284	62.173
20	98 908	0.000 783	56.730	99 210	0.000 287	61.190

注：*lx*是给定国家10万个同性别活产婴儿中活到*x*岁的数量，这些婴儿随后在2000—2002年间在该国经历与那一性别人口相同的死亡率

*dx*是年龄*x*和（*x*+1）之间的死亡人数，用*lx*做类似的表达是*lx*−1（*x*+1）

*qx*是年龄*x*和（*x*+1）之间的初始死亡率，即*dx*/*lx*

*ex*是平均预期寿命，即年龄为*x*的人此后将继续存活的平均年数

生命表的基础是一组死亡概率，给出了在x岁还活着的人在达到$x+n$岁之前死亡的比率。给定这组概率后还会给出第二组值，是从出生到每个年龄的生存概率。通常也会给出出生后的预期寿命或x岁后的额外预期寿命。

生命表可以建立在完整的经验数据基础上，即关于各年龄段的死亡人数信息和处于死亡危险中的人口信息。然而，生命表通常需要根据部分信息使用数学公式来构造，因而被称为模型生命表。模型生命表还被用于提供人口推算中所需的标准假设，并从出生和死亡人数的历史数字重建比率。

生育是指个人、夫妇、群组或整个人口群体生育孩子的表现。有时人们会将其与生育能力（生物学上的再生产能力）相混淆，后者可能导致也可能不会导致生育。衡量人口生育的主要指标是粗出生率，即某一时期某个人口群体内的出生人数除以该时期内生存的总人口数。它通常表示为一年中每千人中的出生人数。粗出生率清楚地反映了人口的年龄和性别结构，因为年轻妇女比例较高人口群体的粗出生率很有可能高于年轻妇女比例较低的人口群体。

总和生育率是第二重要的衡量指标。一般而言，总和生育率是育龄妇女所生并存活的孩子的数量。从技术上讲，某一人口群体的总和生育率是指，如果一位妇女在一生中经历确切的当前年龄别生育率，并成功生存到育龄期结束的话，该妇女一生中所生孩子的平均数。

妇女的活产数被称为她的分娩数（parity），它来自拉丁文

parens，意思是父母。一次分娩数的妇女是指她已经生了一个孩子，二次分娩数的妇女是指她已经生了两个孩子，依此类推。未育妇女从未生过孩子。因此，可以通过将每位妇女的分娩数加起来再除以妇女人数，来计算出同属某个出生队列的已育妇女的分娩数。

时间（tempo）是指生育的时间，数量（quantum）是指一生中的生育数。近期生育的减少，不仅反映了时间的变化，特别是妇女推迟了其生第一胎的年龄和后续的生育间隔，而且反映了数量的变化，即实际完成的生育数。人口学家还区分了间隔行为（spacing behaviour），即父母采取诸如避孕措施使孩子的生育间隔加大，和停止行为（stopping behaviour），即采取避孕或绝育措施以防止任何后续生育。生育的直接决定因素是生物和行为因素，社会、经济和其他因素则是通过生物和行为因素来影响生育。有时候人们会使用替代术语“中间生育变量”，这些措施包括避孕和结婚（方框7）。

方框7　邦加茨分解

邦加茨分解量化了决定生育率变化的四个主要因素的影响。

1. 已婚妇女比例。

2. 避孕措施的使用和效果。

3. 人工流产。

4. 产后不孕症，或产后不易受孕的时期。

在某些人口群体中，这四个因素可能占到总和生育率变化的96%。

对某人口群体中结婚或正式两性结合的发生频率、解除和特征的研究被称为“结婚率”研究。如今，这些包括了自愿的结合，即没有登记法律批准的稳定结合关系，被称为习俗婚姻、普通法定婚姻或伴侣式婚姻。越来越多这样的两性结合被称为夫妇关系结合。结婚率与生育率之间的紧密联系，使其成为人口分析的重要组成部分。粗结婚率是指某一人口群体中的结婚数；按年龄阶段划分的比率使我们可以进行更详细的分析，并且可以通过结婚表的形式展现。

避孕是性生活活跃的夫妇为避免怀孕而采取的措施。这可能是为了停止、限制或间隔生育。大多数社会都会采用某些避孕方式，包括节欲和母乳喂养。人们对未被满足的现代避孕方式或家庭生育计划需求特别感兴趣。这可以被定义为15—49岁有性伙伴，想要推迟或避免生育但未使用任何避孕措施的妇女的比例。作为人口的衡量手段，这一指标必须与期望的家庭规模一起记录，可能大于或小于当前的总和生育率。

人口迁移研究区分了国家内部迁移（可能是从农村到城市，城市到城市或从农村到农村），发达经济体中少量从城市到农村的迁移，以及跨越国家和地区边界的国际迁移。一些研究者认为，由于可用统计数据的碎片化和趋势的无常性，开发复杂的人口迁移统计模型几乎没有价值。

人口迁移的基本计算是人口迁入率：

$$\mathrm{IR} = \mathrm{I/P} \times k$$

其中I是迁入人口数，P是国家或指定地区的人口数，*k*是一个常数，通常为1 000。

人口迁出率：

$$\mathrm{OR} = \mathrm{O/P} \times k$$

以及人口净迁移率：

$$\mathrm{NR} = \mathrm{I} - \mathrm{O/P} \times k$$

方法论上的简单矩阵法可用于推算此类人口流动，而更复杂的模型，例如使用布朗运动数学方法的随机游走模型，可以演示人口迁移的模式。进一步的可能是，将分散的随机游走模型与增长的逻辑模型相结合，当它们结合在一起时，人口增长就会对人口密度做出反应，我们通常会看到某个区域中心的大规模人口群体减缓了增长，而分散在外围的人口群体则继续增长。诸如此类的应用之一，就是对欧洲新石器时代转变之后人口流动情况的模型化。

在过去的几个世纪中，大量人口拥入城市导致了大型城市群的增长，这些可以用位序—规模图来研究。它们是用来确认决定城市某些特定特征（例如规模）的法则的有用工具。

图4对美国人口最多的城市进行了排名，横轴为负对数位序，纵轴为对数规模。这是一种幂律分布，其中一些的规模要比其他的大得多，占总规模的很大一部分。在这种情况下，一小部分城市的居民在全美城市居民中所占的比例就很高。这样的幂律在很多其他领域中都有发现，包括天文学中的星系质量问题，以及经济学中少数人拥有大部分财富的现象。

人口学家对主要驱动因素之间的相互关系，例如人口迁移与生育率之间的关系也很有兴趣。性别选择型的迁移倾向于使男性和女性分开，从而减少迁出地区和迁入地区的生育机会。妇女的生育很可能会受到她们迁移行为的干扰，然而，确实也有一些证据表明，新移民妇女的生育率会有所提高，由于迁入地区新的健康、福利和教育条件，她们会抓住机会生下孩子。

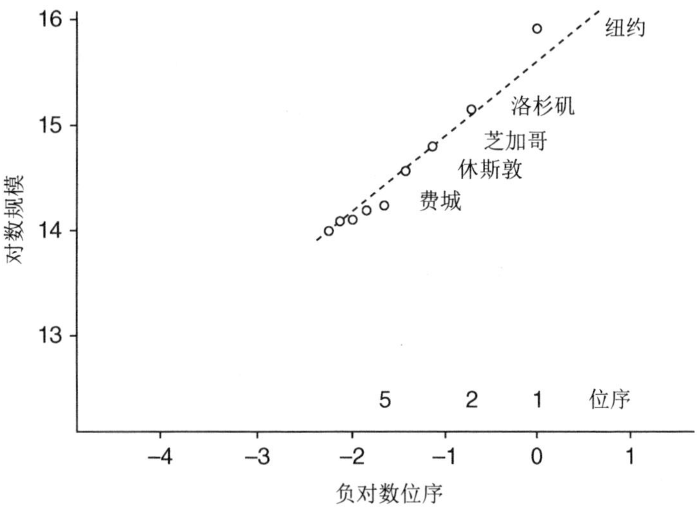

图4　2010年美国城市的位序—规模图

第八章

人口金字塔和人口推算

人口学中的一个关键概念是人口金字塔。年龄金字塔由一对对在中心连接的条形图组成，传统的类似于埃及金字塔。纵轴记录了年龄，越往下年龄越小，越往上年龄越大，纵轴右边展开的条形代表女性，左边代表男性。因此，年龄金字塔代表了按年龄和性别划分的人口分布（见图5）。如今很多现代的年龄金字塔看起来都像摩天大楼甚至花瓶一样，因为其所反映的人口群体减少了生育并延长了预期寿命。

人口变化用平衡方程表示，可以列为：

$$P_2 = P_1 + B - D + I - E$$

其中：P_2和P_1分别为两个不同日期的人口规模，B是出生人数，D是死亡人数，I是迁入人数，E是迁出人数。

虽然这一方程式可以被用于国家或地区，但世界人口是一个封闭人口，出生时进入，死亡时离开——因为现在还没人能移民到地球或移民离开地球。封闭人口的方程式为：

$$P(t+n) = P(t) + B(t) - D(t)$$

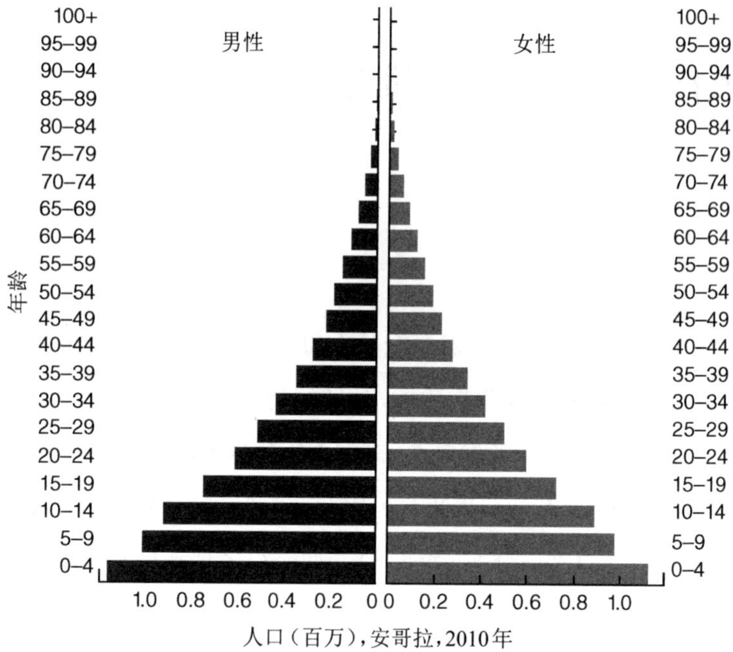

图5　2010年安哥拉的人口金字塔

其中：$P(t)$ 是时间t的人口规模，n是时间段的长度，$B(t)$ 是时间t的出生人数，而$D(t)$ 是时间t的死亡人数。

一些人口学家更喜欢使用K来表示人口，因为P可能与概率的符号混淆。因此，你可能会看到这些方程式被表示为：

$$K_2 = K_1 + B - D + I - E$$

$$K(t+n) = K(t) + B(t) - D(t)$$

2013年到2014年世界人口变化的平衡方程式是：

$$P(2013) + B(2013) - D(2013) = P(2014)$$

$$6851 + 140 - 57 = 6934$$

年龄、时期和队列

个体的人口统计行为受其年龄、生活的时期和共同的队列经历影响。这些年龄-时期-队列效应的影响作用，是人口学分析的核心内容。例如，虽然牙医可能会注意到随着年龄增长牙齿健康状况会下降（年龄效应），但他们也可能会注意到由于饮用水中添加了氟化物而保护了牙齿，1960年代以后出生的每个人的蛀牙现象都大大减少了（队列效应），还可能会注意到由于人们现在可以得到新的牙科技术治疗，近期所有患者——无论年龄还是出生年份——的牙齿健康状况都有所改善（时期或时间效应）。

人口学家现在使用复杂的模型来处理这些相互作用。其中包括生育衡量的指标，例如净生育率（即每个未来母亲的新生女儿数，这些母亲可能会或不会活到生育时），队列年龄别生育率（年龄x和$x+n$之间队列中的妇女每生存人年生育的孩子数），以及时期年龄别生育率（用特定时期中出生的婴儿数代替上面的队列生存人年数）。

其中一个最早的模型是1970年代开发的寇尔-特鲁塞尔人口生育模型，该模型仍被广泛应用于检测是否使用了分娩数别的生育控制，换言之，即与母亲已生孩子数相关的生育控制。这是一个可以很好地处理历史数据的模型示例，但是与现代避孕决策的复杂性似乎无关。例如，该模型假设女性随着年龄增长具有更多的分娩数，或者说更多的孩子数。然而，在当今的发达经济体，例如北美洲或欧洲，我们可以看到相当多的女性会推迟结婚和初次生孩子的时间，可以发现较高的避孕措施使用率，以及35岁以上女性的分娩数较少但是生育率较高。在这些现代社会中，人口生育研究不仅聚焦于与避孕措施有关的孩子的数量，而且还聚焦于作为家庭限制形式的孩子的生育间隔。

就人口死亡而言，莱克西斯图既描绘了个体直到死亡的生命线，也描绘了特定队列的生命线。我们还可以针对所讨论的队列引入作为年龄变化函数的生存衡量指标和死亡概率。我们还可以引入增长率和风险率。风险率衡量的是每个年龄或每个时间段发生死亡的可能性。其中最著名的公式之一是冈珀茨模型（参见第四章），它反映的是风险函数或死亡概率随着年龄增长而变化的情况。这一公式由英国精算师本杰明·冈珀茨于1825年首次提出，为他所观察到的年龄别死亡率提供了一种模型。此外，建立现代复杂人口死亡率模型的工作也在进行中。例如，李-卡特模型包括年龄别死亡率，并引入随机变异性，将时间参数视为时间序列，将过去的波动作为未来不确定性范围的指标。

年龄结构

众所周知，生育、死亡和人口迁移这些人口驱动因素长期会影响人口的年龄分布。1760年，欧拉提出了稳定人口的概念。1907年阿尔弗雷德·洛特卡对这一概念做了充分探索。二人都确定了这样一个事实：如果封闭人口中的死亡率和生育率在任何时间段内都保持不变，也就是说没有人口的迁入或迁出，那么就会出现固定的年龄结构，而这一固定年龄结构与最初的年龄结构无关。就年龄结构而言，稳定人口的规模可能一直在增加或减少，但是其年龄结构保持不变。然而，如果人口规模也没有增加或减少，则被称为静止人口。

我们可以探讨这三个驱动因素如何独立地影响年龄结构。例如，生育水平的变化将影响最年轻的年龄组，但随后也会对较大年龄组产生影响。随着出生人数的减少，下降的人口生育率会使得人口金字塔的底部基础变窄。婴儿潮和紧随其后的出生人数骤降，可能会在人口金字塔中产生一个明显可见的早期凸出形状，直到婴儿潮队列的人口达到很老的年龄为止。20世纪英国的人口金字塔清楚地显示了1946年的婴儿潮，以及之后出生人数的缓慢下降，直到1957年出生人数开始缓慢增长，最终在1960年代初英国的小型婴儿潮时达到顶峰（见图6）。在接下来的几十年中，我们可以看到婴儿潮影响了1970年代和1980年代年轻工作适龄人口的数量，这些人口在2020年代已接近退休年龄。

人口金字塔也会受到死亡率的影响，因为1960年代婴儿潮队列的死亡率有所下降，这意味着该队列的很大一部分在退休时和退休后仍然活着，而英国从1970年代中期开始的出生人数的下降，一定程度上是由过去四十年来进入英国的大量工作适龄移民来补偿的。

1950

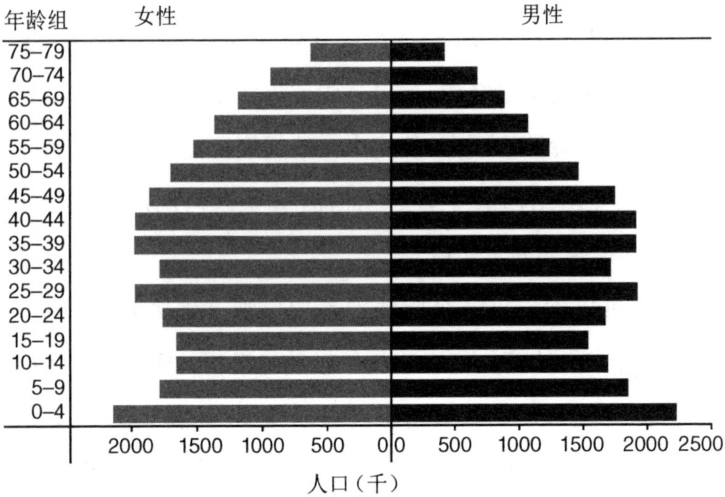
年龄组
女性
男性
75–79
70–74
65–69
60–64
55–59
50–54
45–49
40–44
35–39
30–34
25–29
20–24
15–19
10–14
5–9
0–4
2000 1500 1000 500 0
0 500 1000 1500 2000 2500
人口（千）

1980

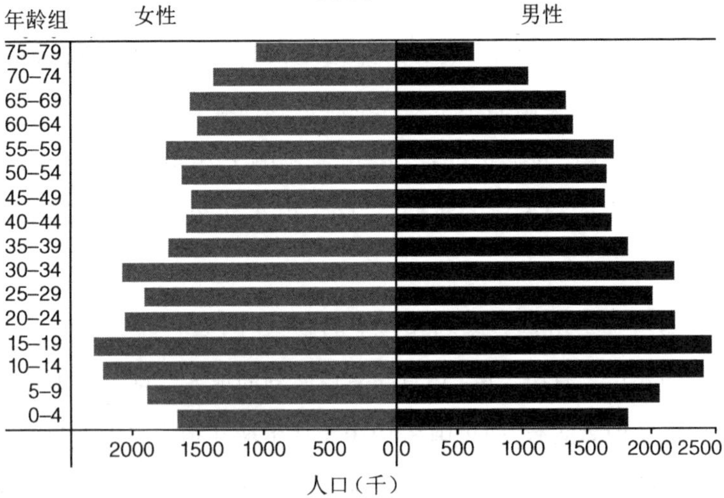
年龄组
女性
男性
75–79
70–74
65–69
60–64
55–59
50–54
45–49
40–44
35–39
30–34
25–29
20–24
15–19
10–14
5–9
0–4
2000 1500 1000 500 0
0 500 1000 1500 2000 2500
人口（千）

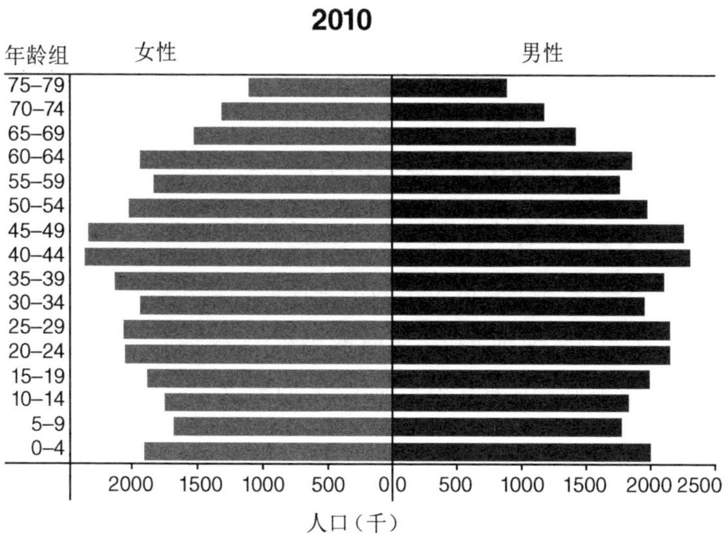

图6　1950年、1980年和2010年英国的人口金字塔

或者，考虑到我们在第五章中讨论的关于衡量生育、死亡和人口迁移的内容，很明显，年龄结构本身会对生命事件有重大影响。例如，如果某个年龄组的大部分人在生育、死亡或迁移方面的风险更大，那么这些事件发生的可能性就会高于年龄组中只有少部分人的情况。因此，很多人口学方法试图控制年龄结构在生育、死亡和人口迁移衡量中的影响。

就人口动力学而言，由许多育龄妇女组成的年轻年龄结构不仅会导致高生育数，而且可能会导致二十至三十年后的高生育数，因为之前的女婴已经长大，自己做了母亲。这解释了为什么很多低生育率、低人口更替水平的发展中国家的人口会继续扩张。即使这些未来母亲所生孩子的数量保持低水平，之前由大量女孩的出生所确立的人口动量还将使人口继续扩张。

莱克西斯图（图7）是由德国统计学家威廉·莱克西斯于1875年设计的，目的是证明不同时间段和出生队列之间的关系。它以网格形式表示，横轴按年代顺序或日历时间排列，纵轴为年龄，对角线从分隔每个队列的横轴开始向上以45度角延伸。这些线实际上初始是向下延伸的。每条线代表一个人，从其出生日期（横轴）和出生时的年龄0（纵轴）开始。这些线以45度角上升，因为其斜率为1，人们每过一个日历年年龄就增长一岁。

每条生命线一直持续到这个人死亡的年龄。通过在特定时间点画一条垂线，垂线穿过的生命线数就等于在该时间点上活着的人数，也就是总人口数。

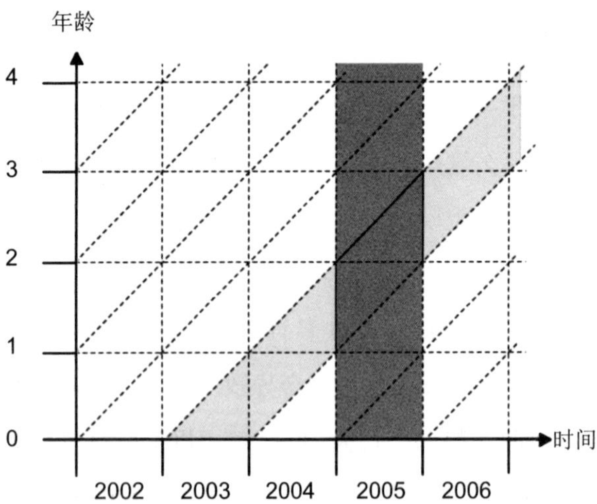

图7　莱克西斯图

人口推算

普林斯顿大学人口研究办公室的诺特斯坦于1945年进行了首次现代全球人口推算，使用了队列要素法，该方法明确考虑了人口的年龄和性别结构。

自1958年以来，联合国已经发布了一系列世界各国的人口估计和推算。1978年以前，这些推算大约每五年修订一次，此后每两年修订一次。最近联合国评估报告的时间范围已到2050年。联合国世界人口展望丛书还不定期地发布长期人口推算，时间范围从2150年直到2300年。

1978年以来，世界银行已经做过独立的人口推算，通常是针对单个变量，时间范围长至2150年，并大约每两年修订一次。

美国人口资料局每年发布单一变量的世界人口规模推算。自2000年以来，它已经发布了2025年和2050年世界各个国家和地区的推算人口规模。自1994年以来，国际应用系统分析研究所的世界人口项目把世界分为13个地区进行了全球人口推算，并在2012年发布了一组新的对世界各国按年龄、性别和受教育程度分类的科学人口推算。

推算方法

人口推算旨在预见人口的未来。人口推算基于对未来生命统计的假设，以及用于执行计算的公式。推算和预测之间是有区别的。预测需要有一个预言的元素。基本的人口推算聚焦于性别和年龄，将其作为人口的主要划分。根据这些变量向前推算人口的主要工具是被称作莱斯利矩阵的表格，最初由P. J. 莱斯利于1945年发表。莱斯利矩阵是结合生育率和死亡率的影响而产生人口变化的转变模型。这些状态与年龄组相对应，转变过程是生存和生育。人口是逐步向前推算的。

人口推算中使用最广泛的方法是要素法。在这些方法中，每个组成部分的变化（出生、死亡、人口迁移）都被估计了。如果还对每个年龄组进行估计，则使用的是队列要素法。近期，人们已经开发了各种复杂的多状态模型，以使人口预测更加可靠。然而，无论模型变得多么复杂，它们仍然依赖于有关未来生育、死亡和人口迁移水平的假设。人们广泛认可的是，虽然统计模型现在已经非常复杂，但是要用来理解人口动力学理论基础仍然需要更强大的预测力。

莱斯利矩阵是一个带有行和列的表格，显示了从列标题所示年龄组开始然后沿对角线逐渐移动到行标题所示年龄组的个体预期数量。第一行包含了反映生育和生存水平的因素；主要的次对角线包含了生存比率，反映的是从一个年龄组活到另一个年龄组的可能性。在把数据代入矩阵之前要插入逻辑零，例如，在表6中没有0至5岁婴儿出生，所以元素就是0。简单莱斯利矩阵的较复杂版本则包含连续的年龄和时间。连续时间的人口推算被称为人口更新，其包含这样一种观念，即：过去的婴儿是当下的母亲，当下的母亲将产生未来的婴儿（方框8）。在这样的复杂模型中，生存的构成涉及多状态表，不仅包含生与死，而且还包含疾病和残疾状态。个体由此进入、退出并重新进入和重新退出某些特定状态。

表6 莱斯利矩阵

	0至5岁	5至10岁	10至15岁	15至20岁	20至25岁
0至5岁	小孩	小孩	小孩	小孩	小孩
5至10岁	幸存者	0	0	0	0
10至15岁	0	幸存者	0	0	0
15至20岁	0	0	幸存者	0	0
20至25岁	0	0	0	幸存者	0

方框8 更新方程

“我们每个人及其他如我们般的人类，对于婚姻、父母身份和促进生存的行为所做出的决定，将创造出未来莱斯利矩阵的元素，为从各队列到世界的莱克西斯图的稳步发展撰写了脚本，并使得更新方程能够实现其作用。”（K. W. 瓦赫特）

人口更新发生在新出生的人取代了最近死亡的人之时。以目前的长寿率，更新世界全部人口只需要一个多世纪。

该过程可以用更新方程表示：

$$B(t) = beta/alpha\ B(t-a)\, l(a)\, m(a)\, da + G(t)$$

这一方程表明，时间t的出生人数$B(t)$由一个求和过程决定。求和公式的区间从生育年龄的下限*alpha*到生育年龄的上限*beta*，a为个体的年龄，$l(a)$是个体年龄为a的生存概率，$m(a)$是从a到$a+da$期间的生育概率。此外，还要加上t时已经出生的妇女在停止生育前的生育数，计为$G(t)$。

第九章

分支学科的出现

虽然大多数社会科学学科都是与人打交道，但是有些学科对人口分析和人口理论产生了特殊的兴趣，并且这些学科已被正式归类为人口学的子学科。在很多情况下，它们代表了人口学与主要学科领域的融合。虽然下面很多内容可能被公认为不同的子学科，也通常会有其自己的专业组织和/或学术期刊，但也可能会有争议，说这些划分是强加的，甚至是任意而为的。空间人口学研究、社会人口学研究和人口研究之间通常难以区分；处理生物人口学和遗传学的新的复杂性，日益需要数理人口学发展的复杂模型支持；经济人口学家所探讨的家庭行为，例如家庭构成、结婚、离婚和代际转移，有时与家庭人口学中的类似研究并无区别。在很多情况下，这取决于学者选择发表成果的期刊、所属的协会或学会以及参加的年度会议，这些共同决定了学者的研究工作属于哪一门子学科。尽管有上述说明，但人口学的一般性学科属性借由这些创新得到了极大增强，并成功涉足了过去几十年中出现的那些新方法和理论的领域。

人类人口学

人类人口学使用人类学的理论和方法来更好地理解人口学

现象。它反映了社会人类学和人口学的融合，虽然从技术上讲，它仅限于对较小规模人类社群做人口统计意义上的生育、死亡和人口迁移研究，但是在实践中它涉及了总体的人口统计过程。虽然方法不同，但是这两门学科的交集被认为是一种积极的互动，把对定义人口规模和结构的动力因素及其随时空变化的兴趣，与塑造人口生产和再生产的社会组织这一人类学研究重点结合了起来。这一路径结合了应用于案例研究的定量和定性方法，既利用了民族志田野调查和参与者观察，又利用了对二手数据和历史资料的解释性阅读。

自1980年代以来，被定义为人类人口学范畴的学术论文就出现在人口学和人类学期刊上。自1990年代以来，关于人类人口学的研讨会就在专业的人口问题会议上举行。本书的作者确实在1995年美国人口学会旧金山会议上面临着选择——是参加人类人口学会议，还是参加在同一走廊对面房间举行的人口方面的人类学会议。前者是由对人类学感兴趣的人口学家支持举行的，后者则是由对人口学感兴趣的人类学家倡导举办的。

人类人口学的观点为欧洲生育项目提供了重要的借鉴，使人们了解到生育率下降受到文化背景的重要影响，而与社会经济因素无关，并将文化和观念变化的各个方面纳入了人口转变理论。

生物人口学

生物人口学可以被视为人口学、进化生物学和遗传学的融合，通常包含与样本调查和纵向研究相结合的生物学指标的收集和建模。有人认为，常规的人口统计数据与基因型数据相结合，将阐明基因与环境之间的相互作用。例如，在高龄老年人中具有足够代表性的人口样本，应该可以使我们识别出集中存在于百岁老人的等位基因。类似地，通过数学公式对进化形成的遗传影响进行描述，将大大增进现有的对按年龄别梯度划分的死亡风险和生存的要素可继承性的理解。

美国国家老龄化研究所的行为与社会研究部，在理查德·苏兹曼的领导下直接促进了生物人口学的发展。特别是1997年卷《宙斯与鲑鱼之间》是这一领域早期工作的标志性合集。同期对生物人口学中生育和家庭的研究工作，反映在由美国国家儿童健康与人类发展研究所赞助，2003年出版的《后代》一书中。

研究者们认为，通过实验和观察数据以及数学和理论的发展，生物人口学方面的新颖研究已经对寿命进化理论的经典表述提出了挑战。人口学的观点已经影响了一些生物学家的研究策略，他们已经认识到大群体人口研究对于生成生命表估计值的价值，以及对比较形式化建模的需求。引入寿命进化理论的人口学家与人类学家开展了合作，以重新思考关于进化环境的假设，在该环境中，年龄别生存率的遗传和生物学决定因素已经形成。毫无疑问的是，基因组科学的未来有望为这一新的子学科带来进一步的变革和挑战。

经济人口学和人口经济学

经济人口学、人口统计经济学或人口经济学可以定义为人口学研究的一个分支，研究的是人口与经济之间的关系。它是经济分析在人口学研究中的应用，包括规模、增长、密度、分布和人口统计数据。虽然很多人认为它是对劳动经济学的补充，但这一子学科中的研究者还考虑了更为广泛的问题，例如人口增长和经济发展，人口老龄化及其不断变化的抚养比所带来的经济后果，以及经济因素在确定生育率、死亡率和人口迁移率方面的重要作用。微观层面的课题考察的是个人、户或家庭行为，包括家庭的形成、结婚、离婚、生育选择、教育、劳动力供给、人口迁移、健康、危险行为和老龄化。宏观层面的调查研究要解决的可能是人口和经济增长，人口对收入和财富分配的影响，以及人口政策、储蓄和养老金、社会保险、住房和医疗保健等问题。

伯纳德·范·普拉格于1986年担任欧洲人口经济学学会的创始会长，创立该学会的目的是致力于人力资本和人口变量在经济学中的作用的理论研究和应用研究。他还是《人口经济学杂志》和《卫生经济学杂志》的共同主编，作为国际性季刊，主要发表人口经济学各领域的原创理论和应用研究成果。

家庭人口学

家庭人口学家的主要关注对象是家庭和户，重点是共同居住群体中的亲属。这门子学科旨在把社会文化研究作为人口动力学研究的中心环节，认识到人类社会控制着生育，以及对童年、婚姻和亲子关系以及共同居住的动态机制的理解至关重要。因此，有观点认为这三个维度是家庭的特征。首先是夫妻关系，即婚姻结合的形成和消亡。其次是血缘关系，即父母与子女之间的关系。最后是居住，最简单的模式是核心家庭——夫妻和血亲，或者父母和子女；较为复杂的户的安排是由一起居住的群体或亲属构成，被称为共同居住。

国际人口科学研究联盟在1982年成立了家庭人口统计与生命周期科学委员会，其任务是促进该领域的研究。有些人把这一事件看作这门子学科正式形成的标志。当时的主要研究领域集中在对户的构成和家庭结构、家庭生命周期、亲属模型、多状态生命表和户推算的衡量和估计上。如今，家庭人口学利用了适合进行家庭和户构成比较研究的大规模个体层面的普查数据，研究路径则包括各种宏观和微观层面的课题，范围从多代同堂的户、儿童和媒介使用，到“灰色离婚”。

历史人口学

历史人口学被定义为对过去人口的规模和结构、人口变化的构成——生育、死亡和人口迁移——及其影响因素进行研究。从技术上说，它涉及所有过去的人口；然而，对史前人口的研究通常更会被归入古人口学的子学科。

资料来源的类型使这门子学科在人口学中具有特殊的挑战和独特性。一般而言，历史人口学通常无法使用人口普查和生命统计数据，而是依赖教区记录和姓名清单等资料来源，而这些资料是由于人口普查以外的其他原因而制定的。例如，教区的登记不收集出生和死亡信息，但记录洗礼和葬礼信息；历史清单通常是用于税收或兵役目的。

结果，历史人口学家发展出了自己的特殊方法。这些方法的主要原则是家庭重建，这是一种记录关联形式，将教区登记中的信息重新组织成家庭历史，从而使得人们可以计算出标准的人口统计衡量指标。研究人员于1950年代在法国开发出一种方法，可以查找与一对夫妇结合或婚姻有关的信息，例如结婚日期、配偶和子女出生和死亡日期等。通过这种方式，就有可能重建整个扩大式家庭（见图8）。有一些人口学家将历史人口学这一术语限定于这种微观人口学方法。

众所周知的是，使用教区登记的法国式家庭重建方法，很大程度上要归功于经济历史学家皮埃尔·古贝尔和形式人口学家路易斯·亨利。特别是亨利想在实行刻意控制婚内生育之前确定他自己所谓的“自然生育”水平和时间表。这已被视为人口研究历史上的重要时刻，因为家庭重建使得历史学家和人口学家可以共同开展队列分析。

历史人口学家的第一个官方组织是国际历史人口学委员会，该委员会成立于1960年。剑桥人口与社会结构历史研究小组成立于1964年，被认为在社会科学史上做出了具有改变学科意义的贡献，其研究工作涉及历史人口统计和户结构、有关这些要素与福利系统的相互依存关系，以及职业结构等。该研究小组的独特贡献是将人口学与经济和社会历史结合在一起。在法国历史人口学会、西班牙历史人口学会和意大利历史人口学会的支持下，欧洲历史人口学会于2014年成立。这一学会的成立

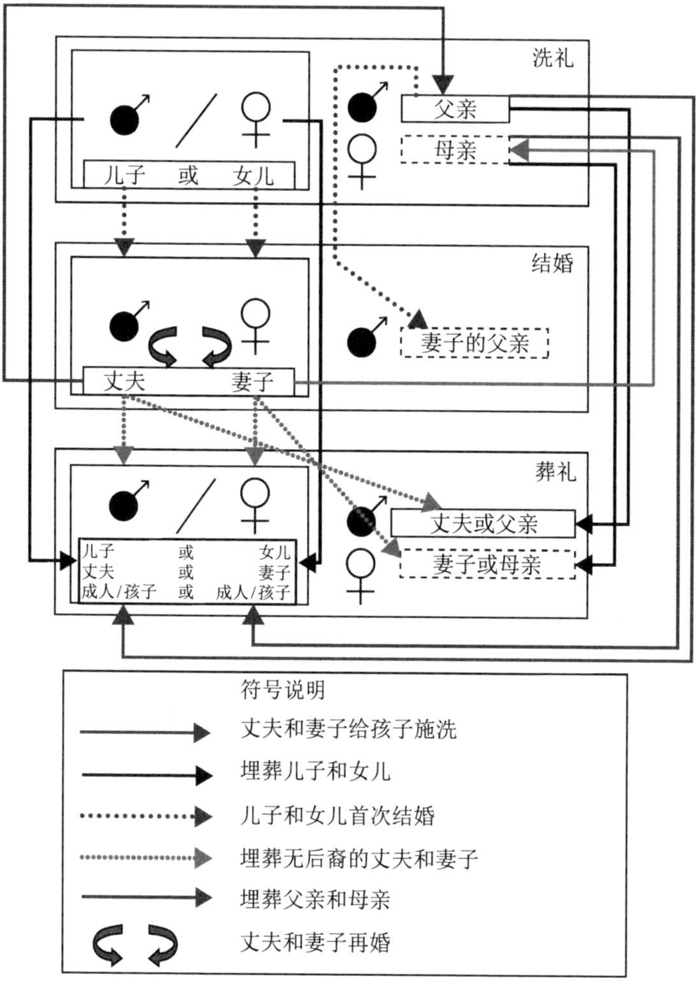

图8　某个家庭重建形式的示例

是为了促进欧洲从事或对历史人口学研究感兴趣的学者之间的合作，并激发欧盟内部的科学项目、机构和政府对人口事务的兴趣。

数理人口学

数理人口学可以被定义为以数学术语表示人口统计变量、分析及其相互关系。有人认为，洛特卡在稳定人口方面的数学研究工作是其对人口理论的单一最大贡献。洛特卡的研究阐明了动量对未来人口增长的重要性。换言之，年轻的年龄结构决定了人口增长的水平和模式，直至达到稳定人口。凯菲茨揭示了数据、模型和理论之间复杂的数学相互作用，因此被视为洛特卡这位伟大的数理人口学家的重要继承者。

数理人口学中最具影响力的著作之一，仍然是1925年的经典文章《论真实自然增长率》。洛特卡和路易斯·都柏林在文中表明，美国常住人口中出生人数超过死亡人数是处于生育高峰期的男性对女性人口占比过高带来的人为后果。年龄分布本身是高人口迁移率的结果。如果美国人口是“稳定的”——迁入或迁出通道关闭，并受制于当前的年龄别出生和死亡率表——那么它将稳定于不变的年龄分布和特有的低增长率。洛特卡警告说，美国人应该关注人口下降问题。

内森·凯菲茨（1913—2010）在其长期且高产的职业生涯中为人口学做出了重要的基础性贡献，对人口学研究产生了重要影响。凯菲茨的研究工作以优雅的方法和深刻的见解为特点，这源于他对模型、数据和解释分析之间相互作用的深刻认识。纪念凯菲茨诞辰100周年研讨会集合了来自各地的科学家，使用凯菲茨的术语研究人口中的数学问题。研讨会的主要目的是作为论坛介绍人口数学正在进行的研究，包括对人类和非人类人口的研究，以及理论和应用研究。

古人口学

古人口学致力于人类史前人口增长和结构模式的研究，包括预期寿命、不同年龄段的死亡率以及总体健康和福祉指标。它与考古学和体质人类学密切相关，依赖的是非书面记载的资料来源，包括人类和考古遗迹。学者们把他们从事的这门学科描述为对史前人口的一种估计，而不是一门精确的科学。墓葬之地的情况很少能代表整个人口情况，特别是在很多情况下，大家庭和不同社会地位、年龄的群体都是被单独分别掩埋的。此外，死亡的原因——战争、事故或某些疾病——通常会在骨骼上留下最可识别的痕迹，结果却可能掩盖了其他疾病或者总体上健康的状况。

对年龄和疾病的估计以及对死亡原因的估计，是两个特别令人感兴趣的领域。对过去人类群体中疾病的研究被称为古病理学。对年龄的估计基于人类个体骨骼上最可靠的年龄标志，例如牙齿发育和关节连接闭合情况。这门学科现在已经建立了一个庞大的人体骨骼数据库，可以将个体骨骼衡量结果与数据库进行比对。饮食、健康和气候会显著影响此类衡量，使得很难确定成年人的年龄。虽然一些疾病可以通过牙齿或骨骼病变情况从人体骨骼中识别出来，因为这些疾病会留下与生物应激有关的生长缓慢迹象，例如营养不良，但也有很多疾病并未在骨骼上留下标志，或者仅在到达极度晚期后才会留下标志。骨骼损坏可能是由于事故或战斗造成的，不利的工作条件也会在骨骼上留下痕迹。

然而，新的方法上的进步正展示出令人可喜的成果。例如，对人类骨骼中微生物DNA的鉴定，已被用于识别是否存在导致疾病产生的病原体。同样，对人体骨骼中稳定同位素的分析，使研究人员已经能够确定一个人是在哪里出生并度过童年和成年的。

让-皮埃尔和布凯-阿佩尔基于对考古遗址在空间和时间上分布的考察，研究了新石器时代人口转变的证据，这是一组体现了对更广泛人口学兴趣的关键研究。这些发现已被用来论证现代人类和尼安德特人在史前欧洲的存在、扩张和收缩的情况，以及确定与技术和气候条件相关的这些狩猎采集者的人口密度。

人口地理学或空间人口学

近来人口学家已经和地理学家在一起工作，共同开发探索空间、位置和人口流动之间关系的模型。然而，有人认为，人口学研究中对空间的思考和分析的起源至少可以追溯到19世纪初法国的犯罪统计时期。传统上，这些研究集中在诸如移民、城市化和农村人口减少等主题上，如今不仅越来越多地利用人口统计数据，而且还越来越多地利用财富的社会和经济度量、获得社会和经济资本的机会、不平等现象等与空间分布有关的数据。很多当代调查，例如人口统计和健康调查、世界生育调查和多指标类集调查，现在都包括空间数据。

最近几十年来，通过使用先进的计算机地理信息系统（或称为GIS），此类研究得到了极大的加强。如今，基于卫星的全球定位系统允许用户绘制全球各地位置的坐标，而谷歌地图及其更先进的“表亲”数字地图可以将人口统计数据与其他定量数据相关联，并以空间的直观形式表现出来。确实，正是这些新技术的发展推动了该子学科当前的进展。新的数据格式将同时带有地理位置和时间戳标记，从而提供了无与伦比的空间和时间精度。新一代的活动空间研究正在发展中，这些研究利用诸如加速度计、全球定位系统和智能手机之类的技术，来连续监测处于不同空间地点的人。空间人口学家认为，这样的技术发展以及新的时空精度具有巨大的潜力，可以增进我们对人类空间行为的功能性理解，并为思考对空间的相对和绝对利用提供新的思路。研究者需要确定那些能够最有效推动空间人口学应用于社会关注的紧迫问题的研究重点，这是他们在利用上述这些令人兴奋的新技术时所面临的主要挑战。因此，该领域的新兴研究涉及以下方面，例如：美国的少女怀孕问题、阿克拉（加纳）的儿童死亡问题、波士顿（马萨诸塞州）的种族隔离和健康问题、马达加斯加的人口迁移与农村生计问题，以及芝加哥（伊利诺伊州）犯罪的人口统计相关性问题。《空间人口学杂志》于2013年创刊。

人口研究

人口研究是一个跨学科的研究领域，通常吸引那些具有人口学、流行病学、社会学、经济学、人口地理学、人类学、公共卫生和公共政策背景的学者。从广义上讲，它要解决的是社会、经济和人口学变量之间的相互作用问题。因此，它是对生育、死亡和人口迁移常规研究的扩展。研究的主要领域包括：广义的人口动力学、生育和家庭动态、健康、老龄化、寿命和死亡、社会经济差异和不平等、移民、人力资本和劳动力市场。

美国人口学会成立于1930年，是一个旨在通过研究与人口相关问题来促进完善、进步和发展的专业科学组织。美国人口中心学会成立于1991年，是由大学和研究团体组成的独立团体，其使命是促进人口统计研究和数据共享，为公共政策决策者提供基础的人口研究翻译服务，并提供人口研究方面的教育和培训机会。目前，美国人口中心学会已有40多家学术和私人研究机构，它们围绕退休、少数民族、健康、老龄化、移民、家庭、生育、死亡和人口预测等课题开展了多种多样的研究。

社会人口学

社会人口学探讨了人口与社会之间的相互作用，并且可以被看作社会学与人口学的结合。美国人口学家金斯利·戴维斯在其1963年的论文中首次建议使用“社会人口学”的表述。大学教授社会人口学课程始于1960年代的美国，第一本名为《社会人口学》的教科书于1970年出版，1975年在威斯康星大学举行的一次会议被宣称为社会人口学的第一次会议。

这门学科最初的研究兴趣集中在诸如居住区隔离、失业、不同社会地位群体之间的收入差距之类的问题上。社会学的芝加哥学派使用人口统计数据，来支持其关于城市发展和社会经济地位影响人口分布的社会学主张。一些研究者认为，这与人口研究非常相似，部分原因是受到美国社会学家豪瑟和邓肯的影响，他们在1950年代的著作《人口研究》中系统化地论述了社会学和人口学的联系。有其他研究者认为，这种联系的明确目的是要涵盖一种三向研究方法，即：数据收集和描述性解释，理论发展和模型测试，以及情境分析（方框9）。

方框9　人口经济学与人口研究有何不同？

在很多当代分析中，人口学和人口研究之间的界限正变得越来越模糊，因为人口学家已认识到社会、经济和人口学变量之间的复杂相互作用。区别在于，虽然生育、死亡和人口迁移是经典人口学研究的重点，但是在人口研究中，它们却是社会和经济变量的“下游”。

使用人口学变量和技术手段研究诸如人口老龄化、死亡率不平等、生育模式差异等社会问题的研究者可以被归为社会人口学家。

第十章

人口政策和未来挑战

世界上大多数国家都有隐性的人口政策，因为它们认识到它们的某些政策将产生间接的人口学意义上的结果。明确旨在改变这种结果的直接人口政策很少（见图9）。一般而言，人口政策是指那些旨在改变人口增长率、构成或分布的政策。联合国将人口政策定义为公共当局明确或暗中采取的行动，目的是防止、延迟或解决人口变化与社会、经济或政治目标这两个方面之间的不平衡。这包括选定的有关人口参数的意图和目标，以及为影响这些参数而采取的法律和程序性措施。在这一类别的人口政策中，联合国明确了解决诸如人口增长等问题的政策，其中包括生育率特别是少女生育率的问题、影响劳动年龄人口规模的政策问题，以及与健康有关的出生时预期寿命、5岁以下儿童死亡、产妇死亡等问题。其他健康问题通常不被视为人口问题。2013年时还增加了对妇女的暴力程度问题。因此，人口政策基于可预见的人口趋势，通过采取前瞻性和积极的政策，将人口动力学的发展结果在显露之前予以解决。

因此，人口政策的目标可能是改变国家人口或地方人口的增长率、构成或分布。例如，如果政府认为人口增长或收缩过快，

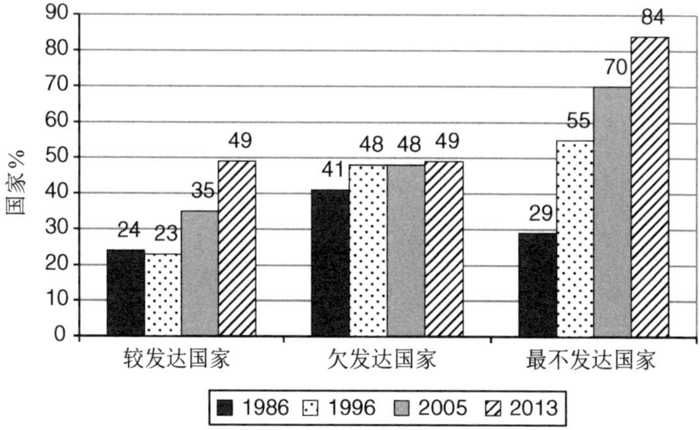

图9 运用政策来影响人口增长的政府

就可能会引入此类政策。政府可能会感到人口年龄结构不平衡——例如儿童太多或太少——或者人口在全国范围内分布不均，从而使一些人口过剩或人口不足的地区受到损害。

实践中的人口政策可以是显性的也可以是隐性的。显性的人口政策是指政府明确旨在改变人口统计结果的行为。这可能是对移民实行上限，对家庭生育计划服务进行补贴，或者直接禁止夫妇育有一个以上或两个以上子女。隐性的人口政策并非明确想要改变人口，而是可以被理解成会产生可预测的人口统计结果的行为。举例来说，此类政策可能包括实行义务初中教育，这将提高平均结婚年龄，从而降低初次生育年龄；并为妇女提供进入经济劳动力市场所需的技能，从而再次推迟生育的时间和/或鼓励扩大后续的生育间隔；以及改变年轻男女的观念，从而使他们选择生育较少的孩子。

英国为我们提供了一个有趣的例子。根据英国国家统计局的数据，英国“在移民领域之外，不会从主动试图影响人口整体规模、年龄结构或变化构成的意义上追求人口政策，也不表达对英国理想的人口规模或年龄结构的看法”。然而，英国确实有移民政策。英国政府声明：“移民可以丰富我们的文化并增强我们的经济，因此，我们想要吸引人们在英国学习、工作和投资。”政府因而以简化和改进移民政策和法律为目标，并确保英国拥有具备国际竞争力的签证系统和有效的执法行动。它通过以下具体措施来实现上述目标：执行移民和海关检查保护英国边境，有效处理进入英国和在英国居留以及成为英国公民的许可申请，控制人口迁移，从而限制非欧盟的经济移民和最大限度地减少对所有移民路径的滥用。

生育政策

有很多政府试图控制人口生育的例子。它们可能是直接的人口政策，例如中国的独生子女政策、罗马尼亚的鼓励生育政策；或者是间接的政策，例如瑞典的家庭政策。

最著名的人口政策之一是中国的独生子女政策。这是一项直接的人口政策，旨在通过降低总和生育率来减少人口增长。中国在1978年实行了一项自愿性政策，旨在遏制人口迅速增长到10亿的趋势，随后又于1980年9月开始实行独生子女政策。这项普遍计划将某些少数民族群体和第一胎是残疾孩子的群体排除在外，在东部大城市执行得比在西部农村的小型农业社区更为有效。为此采用了多种控制方式，包括广泛使用避孕用品，社区和工作场所监督，为遵守政策的人提供优惠的就业机会和经济激励，以及更为有效的绝育和堕胎措施。

这项政策在执行的地区显现出了效果，导致出生率稳步下降，到1990年代中期降至人口更替水平以下。然而，政策也存在一些副作用，包括偏斜的男女比例，以及可能有大量未登记的第二个和第三个孩子存在，他们在生活中未能接受规范的教育、医疗保健或者就业。此外，长寿的父母和祖父母发现没有子女可以在家庭中照顾他们，中国人口中的老年抚养比已经恶化。最近已经开始允许有一人为独生子女的夫妇生育两个孩子，这部分人群现在大部分是青壮年。然而也有迹象表明，大多数人仍然选择坚持他们成长中经历的独生子女家庭模式。

1965年，罗马尼亚与大多数中东欧国家一样出生人数下降、人口减少，总和生育率低于人口更替水平。尼古拉·齐奥塞斯库领导下的政府认为，军事和工业需要大量人口。1966年，罗马尼亚政府出于对低人口增长率的担忧，出台了明确的鼓励生育政策，其中包括多项提高生育率的措施。这类政策使得堕胎仅在特定有限情况下合法可用，限制了避孕措施，并增加了对大家庭的津贴。严格限制合法堕胎和现代避孕措施的使用，对罗马尼亚的生育水平产生了直接的影响，1965年至1970年间，罗马尼亚总和生育率从1.95上升到3以上。

然而，接下来的十年里总和生育率又再度回落，在1980年代降到2.25。考虑到人口政策已经失败，罗马尼亚政府于1984年开始了一项新的运动，目的是提高出生率和限制堕胎。育龄妇女需要在工作场所接受定期妇科检查。对25岁以上的未婚人士和没有孩子的夫妇征收特殊税。1985年，合法堕胎所需的年龄从42岁提高到45岁或以上，而且堕胎妇女已经至少生育了5个孩子并正在照看这些孩子。

1989年12月，罗马尼亚新过渡政府的首批行动之一，就是废除鼓励生育政策的各项措施。然而，由于长期禁止使用避孕药具，许多妇女缺乏现代避孕方法的经验，罗马尼亚医学界的很多成员也不愿接受现代避孕药具的安全性。罗马尼亚的总和生育率在1990年代有所下降，现在与中东欧的其他国家持平，约为1.3（见图10）。

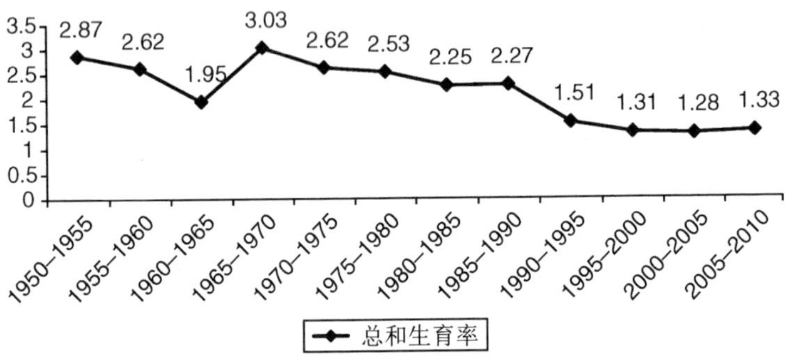

图10　1950—2010年罗马尼亚的总和生育率

与中国和罗马尼亚的显性人口政策的例子不同，瑞典的例子是一项旨在改变人口的隐性人口政策，但是被认为其具有可预测性的人口统计结果。

虽然很多欧洲国家自1960年代以来生育率持续下降，但是在瑞典，占主流的常态是两个孩子的家庭，独生子女家庭很少，无子女家庭的数量保持稳定。然而，瑞典的总和生育率在那段时间里不断起伏。这些起伏与经济商业周期密切相关，被称为顺周期生育。很多人认为这与瑞典的家庭政策有关，该政策的基本目标是增进所有家庭的良好经济生活条件，并促进所有女性和男性在工作和养育子女方面的结合。家庭政策目标是通过广泛提供日托中心和课后服务、父母保险、儿童津贴和其他福利来实现的。

大多数年轻瑞典男女在生育之前就已在劳动力市场上立足。大多数妇女在孩子出生后仍然留在劳动力市场，并且在孩子出生后，男性和女性都会休一段时间的育儿假。瑞典的育儿假制度与收入相关，所能接受到的好处取决于接受者在生孩子之前是否能积极参与到劳动力市场的工作中。1980年代末经济强劲且育儿假延长时，生育率上升。1990年代，瑞典经济陷入深度衰退，年轻人失业增多，生育率则下降。

然而，瑞典现在正在采取措施，以期进一步实现其目标。人们早就认识到，过于大方的育儿假可能会使妇女在劳动力市场上处于不利地位。与父亲相比，母亲通常选择休更长时间的育儿假，这已被发现会对女性的职业生涯和获得收入的能力产生负面影响。2008年引入的“性别平等奖金”为更平等地分享育儿假的父母提供额外的经济奖励。一些人现在质疑这一决定，认为这一决定只是强力促进父母共担对孩子的责任，而不是允许每个家庭基于非经济因素做出自己的决定。

人口迁移

政府试图通过人口政策控制或影响的另一个主要问题是国际和国内的人口迁移（见图11）。澳大利亚长期以来一直采取强有力的支持移民政策来增加本国的人口数量和劳动力，直到20世纪后期以前它还在此范围内实施有利于欧洲移民的政策。为了避免妨碍到工业发展和其他一些开发项目，印度自独立以来一直奉行强制迁移人口的政策。

目前，澳大利亚的“移民计划”允许来自任何国家的人申请移民到澳大利亚，无论他们的种族、文化、宗教或语言如何，只要他们符合法律规定的标准。上一次人口普查（2011）发现，澳大利亚的居民有2150万，其中超过四分之一出生在海外，近一半或出生在海外或父母出生在海外。作为一个现代人口以移民为基

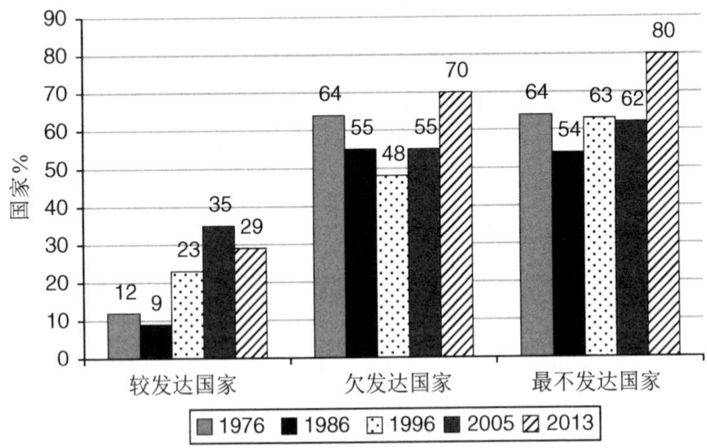

图11　渴望显著改变其国家人口空间分布的政府

础的国家，20世纪的澳大利亚政府大力鼓励移民。然而，在20世纪上半叶，该国还奉行所谓的“白澳”政策，对非欧洲移民施加限制。

第二次世界大战后，澳大利亚利用欧洲和一些亚洲国家的不稳定和不安全，鼓励难民和流离失所者移民到澳大利亚。使人们定居在澳大利亚，被视为确保国家安全和保证未来经济发展的一种方式。此外，有人认为增加人口将使澳大利亚较难成为外部入侵的目标。第二次世界大战后，“白澳”政策逐渐被废除。1966年，政府宣布将接受合格人群的移民申请，条件是他们是否适合作为定居者、易于融入社会的能力，以及他们拥有的对澳大利亚有益的技能资格。“白澳”政策在1973年被完全取消，1978年政府委托开展了一项对澳大利亚移民的全面审查。一些影响深远的新政策和计划被采纳，从而形成了之后澳大利亚人口发展的框架。它们包括用三年滚动计划取代过去的年度移民目标，重新承诺在没有种族歧视的情况下实施移民政策，选择移民时采用更加一致和结构化的方法，强调吸引那些可以带来积极收益的人移民到澳大利亚，等等。

印度的重新安置和恢复政策属于“与开发相关的迁移”政策。为了大坝、运河、热电厂、工业设施和采矿等大型项目强制征地经常使人们流离失所，迫使他们放弃家园、资产和谋生手段。农村发展部国土资源司承认要尽量减少大规模迁移，并在迁移不可避免的情况下，谨慎处理与安置和恢复受项目影响家庭相关的问题。2003年，农村发展部国土资源司制定了一项受项目影响家庭移民安置和恢复的国家政策，目的是规划做好受影响人口的重新安置和恢复工作。2007年，上述政策被国家移民重新安置和恢复政策所取代，该政策旨在平衡以下二者之间的关系：一方面是开发活动对土地的需求，另一方面是同时保护土地所有者、租户、无地者、农业和非农劳动者、手工业者及其他以所涉土地为生的人群的利益。政策的目标是尽量减少因开发造成的流离失所，并确保在不得不迁移人口时可以有采取适当的恢复措施。

未来的挑战

根据联合国的报告，到2100年时世界人口最多将达到60亿至150亿之间。人们普遍认为，150亿的高人口数会给地球资源带来巨大压力。100亿的中等人口数会好一些，但仍会显著增加对食物、淡水、能源和矿物的需求。此外，全球人口分布也将发生变化，总体上居住在亚洲和非洲的人口将增加，居住在欧洲和北美的人口将减少。到2050年，欠发达国家和最不发达国家的人口增长将占到全球人口增长的97%。同样，到2050年，亚洲人口将占到世界人口的55%，达到50亿，预计非洲人口将从10亿增加到20亿，而欧洲人口将从7.38亿下降到7.19亿。另外，人口的年龄构成也将随着年龄中位数的上升而发生变化，在全球范围内会相应发生从人口偏年轻化向偏老龄化的转变。到2050年，全球约四分之一的人口将超过60岁，其中三分之二生活在亚洲，意味着届时亚洲60岁以上的人口将超过15岁以下的人口。

这些变化的幅度之大和速度之快，将为21世纪的人类带来相当大的挑战。

撒哈拉以南非洲地区的出生率

21世纪剩余时间的世界人口增长将集中在非洲。虽然全球的总和生育率普遍在下降，但是撒哈拉以南非洲地区的情况仍然令人担忧。联合国对此中等程度的预期是，到2050年非洲的总和生育率将下降到接近人口更替水平。如果发生这种情况，那么非洲人口将从现在的8亿增加到2050年的20亿和21世纪末的30亿。然而，总和生育率在很多非洲国家仍然保持在4以上。因此，如果该地区总和生育率的下降发生停滞并保持在目前的5.5，那么到2050年撒哈拉以南非洲地区的人口将略少于30亿，到2100年将达到145亿，从而导致到21世纪末世界最高人口规模将超过220亿。

仍然较高的生育率和较快的人口增长，对最贫穷发展中国家的个人和社区福祉造成了威胁，特别是对撒哈拉以南非洲的那些国家。因此，了解减少生育的驱动因素很重要，这样非洲妇女才能选择她们想要的家庭规模。这不仅是因为220亿人口会给地球资源带来相当大的负担，而且因为非洲各国政府越来越认识到如此高的出生率正在降低它们国家的发展潜力，而非洲妇女本身也在呼吁采取措施改善她们自身及其现有子女的福祉，特别是采取那些可以充分发挥教育和环境作用的措施。

为预计到2050年的90亿或100亿人口提供食物和水

这两个问题仍未得到解答，但可能是人类在21世纪面临的最大挑战。大约8.84亿人仍然无法获得安全的饮用水，26亿人无法获得基本的卫生设施。与此同时，在发达国家出生的每个婴儿消耗的水量是在发展中国家出生婴儿的50倍。大约有10亿人无法获得足够的卡路里来满足其最低膳食能量需求，另有10亿人长期营养不良，无法获得维持健康所需的维生素、膳食矿物质、必要的脂肪酸和氨基酸。当我们将人口会增加到90亿或100亿的预测，与人们摄入的必要热量预计应该增加这二者结合起来看时，就会发现，到2030年对食物的总需求将较目前增加40%，到2050年将增加70%。

世界人口老龄化的冲击

大多数国家的低生育率和低死亡率正在导致世界人口老龄化。由于会导致需求下降和劳动力减少，人口下降和老龄化通常被认为会对经济增长和就业产生巨大的负面影响。人口中年轻人比例的下降，被认为会导致经济活动的减少和人口中老年人比例的增加，结果是抬高对养老金和医疗保健的需求，进而对经济造成负担。特别是健康不佳和残疾的数量可能会增加，健康不佳的情况可能会从急性病转变为慢性病，重要的是，年轻人数量的减少将使得能够为老年人提供护理的人数随之减少。

鉴于其人口的老龄化，高收入国家面临的两个主要挑战：一是如何确保这些老年人无论是从工作、养老金、资产还是储蓄中获得收入，二是如何提供适当和持续的医疗保健服务。

在发达经济体，养老金和医疗保健支出已经占到所有政府支出的40%。应对健康挑战的一种方法是尽可能长地保持老年人口的健康，以减少对提供和资助长期健康和社会护理的需求，以及减少对维持个人福祉的需求。第二种方法侧重于经济因素，即让人们进入老年后工作更长的时间。

世界不同地方的环境、人口和消费的关系

很多研究人员认为，最大的挑战来自人口增长与人均消费增加的结合。特别令人担忧的是全球不平等的影响。增加消费对于提高处于极端贫困和/或营养不良中的20亿人的生活水平至关重要，但同时也是这些人所处国家的人口将显著增长。因此，减少发达国家的物质消费非常重要，因为我们的星球是有限的，并且还要努力支撑起世界新兴、发展中和最不发达地区生活水平提高所需的物质和经济消费。其他还有研究者认为，由于环境和资源限制，全球经济持续增长是不现实的，支撑我们经济的生态系统正在增长的消费需求下崩溃。

在人口增长和消费的问题上，人类无疑会面临上述挑战，以至于一些人又回到了马尔萨斯的观点，例如重新出现对养活全球人口的担忧。人口动量需求显著增加粮食生产以供养不断增长的人口，这对资源产生了影响；经济的发展使得西方式的饮食广为传播，但这却不是消耗地球资源作为食物的有效方式；每英亩的粮食产量也在下降。马尔萨斯一直致力于强调人口、环境、社会经济结构和政策反应之间相互关系的复杂性。也许人口学研究的创始人还有一些话要对现代人口学家说。

技术变革的冲击

从历史上看，新技术的引入会创造新的就业机会，而不是减少就业机会。例如，工业革命用大量低技能的工厂工人取代了相对较少的熟练工匠。然而，21世纪的数字革命正在取代中低技能工作，并主要为相对技能熟练的工人提供少量新的工作机会。技术变革和人口变化的交叉叠加，对中低收入国家日益增加的工作适龄年轻人口有着特别的影响。这些国家中有很多利用可得的廉价劳动力吸引来自欧洲和美国的离岸工作机会。随着年轻人拥入城市从事制造业工作，这促进了乡城迁移，进而推动了国民消费的增长，促进了当地市场的发展和服务经济的繁荣。为了将“年轻人口膨胀”真正转变为人口红利，需要有不断增长的劳动力市场，而上述人口迁移过程正是促进劳动力市场不断增长不可或缺的组成部分。然而，预计未来十年机器人在制造业中的使用将增加25%，高收入国家不仅会越来越多地用自动化取代本国的制造业工作机会，而且还会越来越多地用自动化取代之前的离岸工作机会。

将人口学纳入经济学和政治学解读的重要性

今天我们可以明确地说，国家的人口结构在各个区域和国家的经济增长中发挥着重要作用，人口转变在人类发展过程中也发挥了至关重要的作用。长期以来，经济学家一直认为人口转变是跟随经济增长发生的，欧洲和北美洲在历史上就是这种情况。随着世界各地纷纷经历人口转变过程，现在很明显，这种叙事是一个更复杂的过程，人口、政治和治理结构都很重要。人口转变对经济的可能影响确实要大于影响转变的经济因素。在缺乏作为先决条件的有利人口变化的情况下，经济增长的发生确实只是例外情况。未来十年大约会有20亿新生儿出生，20亿儿童需要上学，12亿年轻人需要找工作。这一简单人口统计事实对我们的星球及其各个地区和每个国家都具有重大启示。了解其中的含义，对于人类在21世纪的成功至关重要。

专用词汇表

age heaping 年龄堆积

将一个偏好数字误报为某人的年龄，或将某人的年龄四舍五入为以数字0或5结尾的数字。

age-sex structure 年龄性别结构

根据每个年龄段的男性和女性数量或比例划分的人口构成。

age-specific fertility rate 年龄别生育率

每一年里特定年龄或特定年龄组妇女的活产数，通常以每1 000名妇女为基数来表示。

age-specific rate 年龄别比率

一种计算出的比率，用于表示给定年龄或特定年龄组内人口统计过程的发生率，通常每5岁为一个年龄组。

age-structure effect 年龄结构效应

人口中每个年龄组的相对规模在决定某个特定时期内生命事件数量方面所起的作用。

birth cohort 出生队列

在某个特定时期内出生的一组人群，通常是在一个日历年或若干年内。

birth interval 生育间隔

进入两性结合与第一次生育之间或两次连续生育之间的时间间隔。

birth order 出生顺序

根据母亲以前的生育数对出生进行的排序。

birth spacing 生育间隔

夫妇双方有意识地采取行动，使得孩子的出生保持特定的时间间隔。

carrying capacity 承载能力

某个给定区域内可持续供养的最大人数。

cause-specific death rate 死因别死亡率

一年中可归因于特定原因或一组原因的死亡人数，以年中人口的每100 000人为基数来表示。

census 人口普查

收集、编制和发布特定时间、特定区域内所有人的人口统计、社会和经济状况数据的总体过程。

circular migration 循环式人口迁移

人口迁移（参见有关概念）的模式，指的是个人或团体离开然后又返回初始地。

closed population 封闭人口

在没有迁入或迁出的人口群体中，人口的增长取决于出生人数和死亡人数之差。

cohabitation 同居

以非婚姻结合的方式生活在一起的两个人。

cohort 队列

在特定时间段内经历相同重大事件的一群人。

cohort analysis 队列分析

使用队列（参见有关概念）作为研究单位的人口学分析。

cohort effect 队列效应

个人在任何时候的人口学行为取决于其个人积累的经验，并与同一队列的其他成员共享。

component methods 要素法

通过将总体人口变化分解为出生、死亡和迁移的不同组成部分来估计人口规模和年龄性别结构的方法。

crude rate 粗率

由一定时期内发生的人口统计事件数量与该时期内平均总人口数之比所构成的一种比率。

density of population 人口密度

对某个标准单位地区内的居住人数的相对性衡量。

dependency rate 抚养比

人口中经济上依赖他人的部分与从事生产的部分之比。

emigration 人口迁出

从一个国家向外移民的国际人口迁移过程。

emigration rate 人口迁出率

一定时期内离开某个特定国家或地区的迁移人数与该时期

平均人口之间的比率。

endogenous mortality 内源性死亡

因衰老或先天缺陷等内因导致的死亡。

enumeration 枚举

一种旨在提供有关人口成员信息的行动，代表的是人口普查的数据收集阶段。

event history 生命事件历史

对个人在一个或多个人口统计过程中经历的详细记录（详见生命史）。

exogenous mortality 外源性死亡

因诸如事故、寄生虫或传染病等外因导致的死亡。

family planning 家庭生育计划

夫妇或个人有意识地控制生育数和生育间隔。

family reconstitution 家庭重建

一种记录关联技术，可以将登记系统记录的生命事件关联起来，从而重建各个家庭的历史。

fecundity 生育能力

再生产能力，其可能会也可能不会带来生育。

fertility 生育

个人、夫妇、团体或人群的生育表现。

gerontology 老年学

对老龄化、个人和人口的各个方面及其结果的研究。

growth rate 增长率

一定时期内人口的总增加(或减少)与该时期平均人口的比率。

hazard function 风险函数

用数学表示每个年龄或持续时间内发生的不可再生人口统计事件的可能性。

hazard model 风险模型

使用协变量来估计各种独立因素的影响，以某个过程的风险函数作为因变量。

household 户

共同准备食物和其他生活必需品供给的个人或多人。

immigration 人口迁入

从另一个国家向某个给定疆域移民的国际人口流动。

incidence rate 发病率

特定观察期内人口中发生疾病的新病例数除以该时期的平均人口数。

infant mortality 婴儿死亡

活产婴儿在出生一年内的死亡。

inmigration 国内人口内迁

从同一国家的另一不同地区到某个特定地区的人口迁移。

intercensal 两次人口普查之间

限定词，适用于两次人口普查之间的时期，以及发生于这一时期的措施和现象。

kinship 亲属关系

基于真实的、推定的或虚构的血缘关系形成的人际关系。

life cycle 生命周期

个人经过的从出生开始到死亡结束，或家庭经过的从形成开始到解散结束的阶段序列。

life expectancy 预期寿命

在适用的特定生命表暗含的死亡率条件下，个人能够继续生存的平均年数。个人在x岁时的预期寿命用e_x表示，出生时预期寿命用e_0表示。

life history 生命史

对个人在一个或多个人口统计过程中经历的详细记录（参见生命事件历史）。

life table 生命表

对人口死亡率的详细描述，可以给出每个年龄的死亡概率。

marital status 婚姻状况

个人在婚姻方面的状况。

marriage 结婚

异性之间或（在某些国家）同性之间的合法结合。

maternal mortality 产妇死亡

与怀孕、分娩或产后期（月子期）有关的原因造成的死亡。

migration 人口迁移

涉及永久或半永久改变常住地的个人或团体的人口流动。

migration model 人口迁移模型

试图解释观察到的人口迁移模式的理论建构，通常以数学方式表达。

momentum 动量

当某一人口群体的生育率改变到刚好确保每一代的人口更替水平时，人口规模中出现的增加（或减少）。

morbidity 患病率

某一人口群体中疾病和残疾的状况。

mortality 死亡

某一人口群体中死亡发生的过程。

nationality 国籍

表明他或她特定国家公民身份的个人特征。

natural fertility 自然生育

其成员不采取避孕或人工流产措施的人口群体的生育。

natural increase 自然增长

在特定时期内由于出生人数多于（或少于）死亡人数而产生的人口规模变化。

net migration 人口净迁移

迁入特定区域的人数与迁出人数之间的差额。

outmigration 国内人口外迁

从同一国家的某个特定地区向另一不同地区的人口迁移。国内人口外迁是一国内部人口迁移的组成部分。人口迁出是指迁移到外国，而国内人口外迁是指离开国内某个特定地区而到同一国家另一不同地区的人。

parity 分娩数

一位妇女（或一对夫妇）之前的活产数。分娩数有时也被用于表示一位妇女之前经历的生育次数。

parity-specific fertility rates 分娩数别生育率

把一定顺序的出生数与特定分娩数（参见有关概念）的妇女联系起来的比率，例如用第三胎除以已经生育过两个孩子的妇女即“二次分娩数妇女”的人数。

period analysis 时期分析

侧重于特定时期（通常为一年）内发生事件的人口统计分析。也使用近义词趋势分析和横截面分析。

population dynamics 人口动力学

对死亡、迁移和生育引起的人口规模和结构变化的研究。

population pyramid 人口金字塔

显示人口年龄性别结构（参见有关概念）的双条形图。

prevalence rate 现患率

对特定时间段内（时期流行率）或对特定时间点上（时点流行率）患病率（参见有关概念）的衡量。

projection 推算

根据对未来生育、死亡和人口迁移趋势的假设，计算未来人口的规模和特征。推算和预测之间存在区别，后者隐含着预言的成分，而前者代表的只是做出各种假设。

proximate determinants of fertility 生育的直接决定因素

直接影响生育的生物和行为因素，社会、经济和其他因素则是通过这些因素来影响生育。中间生育变量也可作为替代术语来使用。

quantum 数量

给定事件发生在队列（参见有关概念）成员身上的最终频次。

ratio methods 比率法

通过应用每个子群中总人口的比例来计算和推算子群人口（参见有关概念）的方法。

record linkage 记录联系

与个人或婚姻有关的各种信息的汇编。

return migration 人口回迁

个人返回之前居住地区的人口迁移。

reverse survival 反向生存

在当前年龄结构的基础上，在给定关于当前死亡率的假设下，先重建人口的年龄结构。

sampling 抽样

从部分人口中收集数据以求对整体进行推断。

sex ratio 性别比

人口中男性人数与女性人数之比，或男性发生的事件与女性发生的事件之比。

standardization 标化

一种提高来自不同人群数据可比性的技术。

stratified sampling 分层抽样

将抽样框细分为层，每层独立进行抽样的抽样方法。

tempo 时间

特定队列（参见有关概念）中事件的时间安排。

total fertility rate（TFR）总和生育率

特定时期内（通常为一年）整个育龄范围内的年龄别生育率的总和，通常是一个妇女在一生中生育的孩子数，如果她经历了各年龄的时期生育率的话。

urbanization 城市化

居住在城市地区人口比例的增加。

vital event 生命事件

可以改变人口构成的个人状况的重大变化。

working age population 工作适龄人口

作为劳动力来源的年龄组的那部分人口。关于适龄的定义各不相同，但国际比较中通常用15至64岁的定义。

zero population growth（ZPG）零人口增长

某一人口群体中的出生人数和迁入人数等于该人口群体中的死亡人数和迁出人数。

译名对照表

A

Africa 非洲
age composition 年龄构成
age-period-cohort effect 年龄-时期-队列效应
age pyramid 年龄金字塔
age structure 年龄结构
agriculture 农业
Americas 美洲
analysis of variance 方差分析
anthropological demography 人类人口学
Asia 亚洲
Australia 澳大利亚

B

bio-demography 生物人口学
bio-markers 生物标志物
Bocquet-Appel, Jean-Pierre 让-皮埃尔·布凯-阿佩尔
Brass, William 威廉·布拉斯
Brass's logit life table system 布拉斯的对数生命表系统

C

Caldwell, Jack 杰克·考德威尔
Cambridge 剑桥
Cambridge Group for the History of Population and Social Structure 剑桥人口与社会结构历史研究小组
census 人口普查
Census Reports 人口普查报告
Changing African Family Project 改变非洲家庭项目
China 中国
chronic disease 慢性病
Coale, Ansley Johnson 安斯利·约翰逊·科尔
Coale-Trussell fertility model 寇尔-特鲁塞尔人口生育模型
contraception 避孕
crude birth rate（CBR）粗出生率
crude death rate（CDR）粗死亡率
crude marriage rate（CMR）粗结婚率

D

Demographic and Health Surveys（DHS）人口统计和健康调查
demographic drivers 人口驱动因素
demographic momentum 人口动量
demographic transition 人口转变
divorce 离婚

E

economic demography 经济人口学
education 教育

endogenous mortality 内源性死亡
England 英格兰
Essay on the Principle of Population, An 《人口原理》
epidemiological transition 流行病学转变
epidemiology 流行病学
essential life span 必要寿命
ethnographic material 民族志材料
Europe 欧洲
European Fertility Project 欧洲生育项目
European Society of Historical Demography 欧洲历史人口学会
evolutionary theory 进化论
exogenous mortality 外源性死亡

F

family demography 家庭人口学
Farr, William 威廉·法尔
fertility 生育(率)
fertility transition 生育率转变
Fisher, Ronald 罗纳德·费希尔
Fisher-Tippett 'law of distribution' 费希尔–蒂皮特分布定理
flow statistics of movement 人口流动的流量统计数据
France 法国

G

Gompertz, Benjamin 本杰明·冈珀茨
Gompertz's Law of Mortality 冈珀茨死亡定律
Goubert, Pierre 皮埃尔·古贝尔
Graunt, John 约翰·格朗特

H

Hajnal line 哈伊纳尔线
Halley, Edmond 埃德蒙·哈雷
Health and Retirement Survey (HRS) 健康和退休调查
Henry, Louis 路易斯·亨利
historical demography 历史人口学
Homo sapiens 智人

I

India 印度
infectious disease 传染病
Institut national d'études démographiques 法国国立人口研究所
intercontinental migration 洲际人口迁移
International Commission of Historical Demography (ICHD) 国际历史人口学委员会
international migration 国际人口迁移
International Union for the Scientific Investigation of Population Problems (IUSIPP) 国际人口问题科学调查联盟
Ireland 爱尔兰

J

Japan 日本

K

Keyfitz, Nathan 内森·凯菲茨

L

Lee-Carter model 李–卡特模型

Leslie matrix 莱斯利矩阵
Lesthaeghe, Ron 罗恩・莱斯塔格
Lexis diagram 莱克西斯图
Lexis, Wilhelm 威廉・莱克西斯
life expectancy 预期寿命
life expectancy at birth 出生时预期寿命
life extension 寿命延长
life tables 生命表
London 伦敦
London School of Hygiene and Tropical Medicine 伦敦卫生和热带医学院
longitudinal data 纵向数据
Lotka, Alfred 阿尔弗雷德・洛特卡
low fertility trap 低生育陷阱

M

Makeham's Law 马克汉姆定律
Malthus, Thomas 托马斯・马尔萨斯
Malthusian theory 马尔萨斯理论
marriage 结婚
mathematical demography 数理人口学
Max Planck Institute for Demographic Research（MPIDR）马克斯・普朗克人口研究所
migration 人口迁移
model life tables 模型化生命表
modern family planning 现代家庭生育计划
mortality 死亡（率）

N

National Policy on Resettlement and Rehabilitation 国家移民重新安置和恢复政策
Neanderthals 尼安德特人
Neolithic Demographic Transition 新石器时代人口转变
non-communicable diseases 非传染性疾病
Notestein, Frank Wallace 弗兰克・华莱士・诺特斯坦

O

one-child policy 独生子女政策
optimal fertility 最优生育
Oxford 牛津

P

palaeodemography 古人口学
palaeopathology 古病理学
Pearson, Karl 卡尔・皮尔逊
People and the Planet《人与地球》
Petty, William 威廉・配第
Population Association of America 美国人口学会
population density 人口密度
population distribution 人口分布
population geography 人口地理学
population growth 人口增长
population policies 人口政策
population pyramid 人口金字塔
Population Reference Bureau 人口资料局
population studies 人口研究
positive checks 现实性限制
preventative checks 预防性限制
Price, Richard 理查德・普赖斯

Princeton European Fertility Project 普林斯顿欧洲生育项目
Principle of Population 人口原理
proximate determinants of fertility 生育的直接决定因素
public health 公共卫生
push-pull hypothesis 推拉假设

R

Ravenstein's law of migration 拉文斯坦人口迁移法则
rectangularization of the life curve 生命曲线矩形化
registration records 登记记录
Romania 罗马尼亚
Romania's pro-natalist policies 罗马尼亚的鼓励生育政策
Royal Society 英国皇家学会
rural-to-urban migration 乡城迁移

S

social demography 社会人口学
stable population 稳定人口
statistics 统计学
surveys 调查
Suzman, Richard 理查德・苏兹曼
Sweden 瑞典
Sweden's family policy 瑞典的家庭政策

T

Tippett, Leonard 伦纳德・蒂皮特
total fertility rate (TFR) 总和生育率

U

unmet need for family planning 未满足的家庭生育计划需求
UN World Population Prospects Series 联合国世界人口展望丛书
urban 城市的
USA 美国

V

Van Praag, Bernard 伯纳德・范・普拉格

W

White Australia policy "白澳" 政策
World Fertility Survey (WFS) 世界生育调查
World Health Organization (WHO) 世界卫生组织

参考文献

Chapter 2: From 55,000 to 7 billion

Livi Bacci, M. (2017) *A Concise History of World Population*. 5th edition. Hoboken, NJ: John Wiley & Sons Ltd, p. 2.

Chapter 3: The fathers of demographic thought

Graunt, J. (1662) *Natural and Political Observations Made Upon the Bills of Mortality*. Available at: <http://www.edstephan.org/Graunt/bills.html>.

Glass, D. V. (1950) Graunt's life table. *Journal of the Institute of Actuaries (1886-1994)*, 76(1): 60–64.

Petty, W. (1662) Treatise of taxes and contributions. In *The Economic Writings of Sir William Petty*, vol. 1. London.

Newton, I. (1687) *Philosophiæ Naturalis Principia Mathematica*. London.

Price, R. (1789) A Discourse on the Love of Our Country. Delivered on 4 Nov. 1789, at the Meeting-house in the Old Jewry, to the Society for Commemorating the Revolution in Great Britain.

Mr Bayes and Mr Price (1763) An Essay towards Solving a Problem in the Doctrine of Chances By the Late Rev. Mr. Bayes, F. R. S. Communicated by Mr. Price, in a Letter to John Canton, A. M. F. R. S. *Phil. Trans.* 53: 370–418.

Burke, Edmund (1790) Reflections on the Revolution in France, And on the Proceedings in Certain Societies in London Relative to that Event. In a Letter Intended to Have Been Sent to a Gentleman in Paris (1 edn). London: J. Dodsley in Pall Mall.

Price, R. (1772) *Observations on Reversionary Payments: On Schemes for Providing Annuities for Widows, and for Persons in Old Age; on the Method of Calculating the Values of Assurances on Lives; and on the National Debt to which are Added Four Essays on Different Subjects in the Doctrine of Life-annuities and Political Arithmetick, Also an Appendix*... London.

Price, R. (1772) *An Appeal to the Public, on the Subject of the National Debt*. T. Cadell.

Malthus T. R. (1798) *An Essay on the Principle of Population*. Oxford World's Classics, ch. 2, p. 19.

Chapter 4: The entrance of statistics and mathematical models

Gompertz, B. (1825) On the nature of the function expressive of the law of human mortality, and on a new mode of determining the value of life contingencies. *Philosophical Transactions of the Royal Society*, 115: 513–585. doi:10.1098/rstl.1825.0026.

Galton, F. (1889) *Natural Inheritance*. London: Macmillan.

Pearson, K. (1892) *Grammar of Science*. London: Scott. 2nd edn, 1900; 3rd edn, 1911.

Pearson, K. (1893) Contributions to the mathematical theory of evolution. *Proceedings of the Royal Society of London*, 54: 329–333.

Fisher, R. A. (1956) *Statistical Methods and Scientific Inference*. Oxford: Hafner.

The Editors of Encyclopaedia Britannica (2017) Sir Ronald Aylmer Fisher. *Encyclopædia Britannica, inc.* <https://www.britannica.com/biography/Ronald-Aylmer-Fisher>.

Hajnal, J. (1955) The prospect for population forecasts. *Journal of the American Statistical Association*, 50 (270).

Hajnal, J. (1965) European marriage patterns in perspective. In D. V. Glass and D. E. Eversley (eds), *Population in History: Essays in Historical Demography*. Chicago: Aldine Publishing Company, pp. 101–143.

Coale, A. J., and Hoover, E. M. (1958) *Population Growth and Economic Development in Low-Income Countries*. Princeton: Princeton University Press.

Coale, A. J., and Demeny, P. (1966) *Regional Model Life Tables and Stable Populations*. Princeton: Princeton University Press.

Population Council (1970) *Manual for Surveys of Fertility and Family Planning: Knowledge, Attitudes and Practice.* New York: Population Council.
The Royal Society (2012) *People and the Planet.* The Royal Society Science Policy Centre report 01/12, London.

Chapter 5: The drivers

Ravenstein, E. (1885) The laws of migration. *Journal of the Statistical Society of London*, 48(2): 167–235. doi:10.2307/2979181.
Zelinsky, W. (1971) The hypothesis of the mobility transition. *Geographical Review*, 61(2): 219–249.
United Nations (2013) *The Millennium Development Goals Report 2013.* New York: United Nations.
Glass, D. V. (1950) Graunt's life table. *Journal of the Institute of Actuaries (1886-1994)*, 76(1): 60–64.
Christensen, K., Doblhammer, G., Rau, R., and Vaupel, J. W. (2009) Ageing populations: the challenges ahead. *The Lancet*, 374(9696): 1196–1208.
Caldwell, J. (1980) Mass education as a determinant of the timing of fertility decline. *Population and Development Review*, 6(2): 225–55. doi:10.2307/1972729.
United Nations, Department of Economic and Social Affairs, Population Division (2015) *World Population Prospects: The 2015 Revision.*

Chapter 6: The demographic transition—centrepiece of demography

Thompson, W. S. (1929) Population. *American Journal of Sociology*, 34(6): 959–975. [A precursor on the debate pertaining to the phase of the transition.]
Davis, K. (1945) World population in transition. *Annals of the American Academy of Political and Social Science*, 237(1): 1–11.
Carr-Saunders, A. M. (1936) *World Population: Past Growth and Present.* Oxford: Clarendon Press.
Notestein, F. W. (1945) Population: the long view. In E. Schultz (ed.), *Food for the World.* Chicago: University of Chicago Press, pp. 36–57.
Lesthaeghe, R. (1977) *The Decline of Belgian Fertility, 1800-1970.* Princeton: Princeton University Press.

Chapter 7: A demographer's toolbox

Lotka, A. J. (1907) Relation between birth rates and death rates. *Science*, 26: 21–22. Reprinted in D. Smith and N. Keyfitz, *Mathematical Demography* (Berlin: Springer, 1977), 93–96.

Lee, R. D., and Carter, L. (1992) Modeling and forecasting the time series of U.S. mortality. *Journal of the American Statistical Association*, 87(419): 659–671.

Coale, A., and Trussell, T. (1974) Model fertility schedules: variations in the age structure of childbearing in human populations. *Population Index*, 40(2): 185–258.

Brass, W. (1975) *Methods for Estimating Fertility and Mortality from Limited and Defective Data*. Chapel Hill, NC: Laboratories for Population Statistics.

Chapter 8: Population pyramids and projections

Population pyramid, Angola 2010. Data source: United Nations (2015) *World Population Prospects: The 2015 Revision*.

UK population pyramids, 1950, 1980, and 2010. Data source: United Nations (2015) *World Population Prospects: The 2015 Revision*. Accessed 10 May 2017.

Lexis, W. (1880) La représentation graphique de la mortalité au moyen des points mortuaires. *Annales de démographie internationale*, 4: 297–324.

Gompertz, B. (1825) On the nature of the function expressive of the law of human mortality, and on a new mode of determining the value of life contingencies. *Philosophical Transactions of the Royal Society of London B: Biological Sciences*, 182: 513–585.

Leslie, P. H. (1945) On the use of matrices in certain population mathematics. *Biometrika*, 33(3): 183–212.

Wachter, K. W. (2014) *Essential Demographic Methods*. Cambridge, Mass.: Harvard University Press, p. 272.

Chapter 9: Sub-disciplines arise

National Research Council (US) Committee on Population (1997) *Between Zeus and the Salmon: The Biodemography of Longevity*, ed. K. W. Wachter and C. E. Finch. Washington, DC: National Academies Press (US).

National Research Council (US) Panel for the Workshop on the Biodemography of Fertility and Family Behavior (2003) *Offspring: Human Fertility Behavior in Biodemographic Perspective*, ed. K. W. Wachter and R. A. Bulatao. Washington, DC: National Academies Press (US).

Newton, G. (2011) *Family Reconstitution in an Urban Context: Some Observations and Methods*. Technical Report, University of Cambridge, CWPESH No. 12. Minor revisions Jan. 2013.

Dublin, L., and Lotka, A. (1925) On the true rate of natural increase. *Journal of the American Statistical Association*, 20(151): 305–339.

Bocquet-Appel, J. P. (2002) Paleoanthropological traces of Neolithic demographic transition. *Current Anthropology*, 43: 638–650.

Hauser, P. M., and Duncan, O. D. (1959) *The Study of Population: An Inventory and Appraisal*. Chicago: University of Chicago Press.

Chapter 10: Population policies and future challenges

Department of Economic and Social Affairs Population Division (2013) *World Population Policies*. <http://www.un.org/en/development/desa/population/publications/pdf/policy/WPP2013/wpp2013.pdf>.

United Nations, Department of Economic and Social Affairs, Population Division (2015) *World Population Prospects: The 2015 Revision*. Accessed 10 May 2017.

扩展阅读

Bloothooft, G., Christen, P., Mandemakers, K., Schraagen, M. (eds) (2016) *Population Reconstruction*. Berlin: Springer.

Dyson, T. (2010) *Population and Development: The Demographic Transition*. London: Zed Books.

Harper. S. (2016) *How Population Change Will Transform Our World*. Oxford: Oxford University Press.

Livi Bacci, M. (2012) *A Concise History of World Population*. Hoboken, NJ: Wiley-Blackwell, 5th revised edition.

Livi-Bacci, M. (2017) *Our Shrinking Planet*. New York: Polity.

Longford, Nicholas T. (2008) *Studying Human Populations: An Advanced Course in Statistics*. New York: Free Press.

Mayhew, R. (2014) *Malthus: The Life and Legacies of an Untimely Prophet*. Cambridge, Mass.: Harvard University Press.

Malthus, T. (2012) *An Essay on the Principle of Population*. York: Empire Books.

Poston, S., Dudley L., and Micklin, M. (eds) (2005) *Handbook of Population*. Berlin: Springer.

Rowland, D. T. (2003) *Demographic Methods and Concepts*. Oxford: Oxford University Press.

Tesárková, K. H., and Kurtinová, O. (2017) *Lexis in Demography*. Berlin: Springer.

United Nations, Department of Economic and Social Affairs, Population Division (2015) *World Population Prospects*.

Wachter, K. W. (2014) *Essential Demographic Methods*. Cambridge, Mass.: Harvard University Press.